Tatje Bartig-Prang

Pipi. Kacka.

Gut gewickelt. Ruckzuck windelfrei.

TRIAS

Liebe Eltern,

»Bricklebrit«, ruft der Müllerslehrling und die Goldtaler klimpern sofort aus des Esels Hinterteil: Im Märchen vom *Tischlein deck dich* wird im wahrsten Sinne des Wortes »Geld geschissen«. So ein Goldesel, das wär schon was! Der müsste nicht mal im Keller stehen …

Sonst sind großes und kleines Geschäft, Defäkieren und Urinieren, Kacken und Pinkeln, wie wir unsere Ausscheidungen mal ganz verschämt, mal medizinisch-steril und mal herzhaft-provokant nennen, im Alltag ein sehr vernachlässigtes Thema. Wir gehen aufs »Stille Örtchen«, »für kleine Königstiger«, nach »Herzhausen«, schließen die Tür und geben uns ganz dem letzten Tabu der Postmoderne hin. Ein Tabu – bis … ein Baby geboren wird!

Was wir bis dahin meist nicht mal im Kreise unserer Lieben besprochen haben, wird plötzlich zum alles bestimmenden Thema: Wie dürfen Babys Ausscheidungen aussehen? Wie riechen? Wie oft ist zu oft? Wie selten zu selten? Windeln wegwerfen oder waschen? Wie lange darf und soll das Wickeln überhaupt gehen? Kann man beim Töpfchentraining etwas falsch machen? Und darf man das überhaupt noch, das mit dem Töpfchentraining? Fragen über Fragen …

Alle Antworten und mehr lesen Sie in diesem Buch!

Alle tun es – Pipikacka

Porzellanschüssel, Windel, Nachttopf oder Donner-
balken: An dem Örtchen, wo auch der Kaiser zu Fuß
hingeht, sind doch alle irgendwie gleich. Oder nicht?

Früher – heute – anderswo aufs Klo

Warum eigentlich ein Ratgeber zum Thema Windeln, Wickeln, Töpfchen? Ist doch eigentlich logisch wie das geht. Baby wird geboren. Baby wird gewickelt.

Wenn Babys Windel voll ist: wechseln. Das geht dann ein paar Jahre so weiter, bis aus dem Baby ein Kind geworden ist, das keine Windel mehr will. Ist das tatsächlich der einzig mögliche Weg? Müssen wir Eltern abwarten, bis unsere Kinder in komplizierten Schachtelsätzen sprechen können und von sich aus sagen: »Ich möchte jetzt lieber keine Windel mehr tragen?« Nö. Das müssen wir nicht!

Schließlich leben über 90 Prozent der Babys weltweit ohne oder teilweise ohne Windeln und lernen viel früher als bei uns, ihre Ausscheidungen selbst zu kontrollieren. Der Zeitpunkt des Sauber- und Trockenwerdens hängt nämlich davon ab, wie mit Babys Ausscheidungen umgegangen wird. Und damit meine ich kein Töpfchentraining. Das reservieren Sie mal lieber für Ihren Hund, falls Sie einen haben – Training bringt nämlich gar nichts, außer Stress für alle Beteiligten. Um die Wickelzeit zu verkürzen reicht es, wenn Sie möglichst zeitnah die Windel wechseln, wenn etwas hineingegangen ist und Ihrem Baby auch gerne ermöglichen, mal auf einem dicken Handtuch nackt zu strampeln, zu krabbeln oder zu rennen und es über ein Töpfchen zu halten, wenn Sie bemerken, dass es mal muss. Dabei ist es völlig egal, wie alt Ihr

mit dicken Plastikwindeln. Nun gibt's in ostafrikanischen Lehmhütten aber deutlich seltener ausscheidungsempfindliche hellgraue Sofas und cremefarbene Auslegeware, und ich werde Ihnen demzufolge sicher nicht nahe legen, ab jetzt komplett auf Windeln zu verzichten, keine Sorge. Aber Sie können trotz Windeln ein Gespür dafür entwickeln, was da mit Ihrem Baby pipikackamäßig vonstattengeht, und dann werden Sie wahrscheinlich auch nicht wickeln, bis der Schulbus kommt.

Aber: pssst!!! Eigentlich dürfen Sie das ja gar nicht wissen. Schließlich sollen Sie ja weiter fleißig Windeln kaufen! Und das möglichst lange. Und möglichst viele. Der größte Windelhersteller weltweit bot 1978 maximal Windeln »für Babys bis 16 Kilogramm« an. Heute für »Babys bis 39 Kilogramm«. Keine Spezialwindeln für Medizinbedarf oder besondere Bedürfnisse übrigens, sondern stinknormale aus dem Supermarktregal. Hmmm. Das regt zum Nachdenken an, oder? Keine Angst, ab 39 Kilogamm müssen Sie sich dann auch keine Gedanken mehr machen – derselbe Konzern hält direkt im Nachbarregal Windelhosen für Erwachsene bereit.

Kind ist. Die »Toilettenreife« gibt es so nämlich gar nicht – höchstens den Zeitpunkt, wo das Kind selbstständig aufs Klo kann und Sie dabei nicht mehr zur Unterstützung benötigt.

Völker, hört die Signale!

Wir wissen von fast allen Völkern rund um die Welt, dass Babys ab Geburt ihre Ausscheidungsbedürfnisse signalisieren und fast überall auf der Welt reagieren Mütter auch darauf, außer: bei uns. Also, nicht nur wir hier in Deutschland, sondern eigentlich die gesamte westliche Welt kaschiert Babys Signale

Irgendwie stinkt da etwas zum Himmel – und es ist kein Häufchen …

Der Siegeszug der Wegwerfwindel

Windeln kommen in den Müll – wir können uns kaum vorstellen, dass das mal anders war. Dabei hat das Prinzip Wickeln & Wegwerfen in Deutschland noch gar keine wahnsinnig lange Tradition. In den dreißiger und vierziger Jahren wurden in Europa und Nordamerika in etwa zeitgleich die ersten Experimente mit Zellstoffwindeln zum Einmalgebrauch gemacht. Zunächst blieben solche Zellstoffeinlagen wegen des hohen Preises aber für Krankenhäuser und Arztpraxen reserviert. Man bekam sie nur in Apotheken.

Ende der vierziger Jahre erfand Marion Donovan, Architektin und Mutter von zwei Kindern, dann die »Boater-Windel«. Der Boater bestand aus einer Außenhülle aus atmungsaktivem, aber wasserabweisendem Fallschirmnylon. In die Innentasche dieser wiederverwendbaren und abwischbaren Außenhülle kamen Zellstoffeinlagen, die man nach Gebrauch einfach entsorgen konnte. Durch die Atmungsaktivität konnte der Zellstoff genutzt werden,

der in Kombination mit Gummiüberhosen sonst bei vielen Babys schnell zu Hautproblemen führte. Der Boater war allerdings nur in kleinen Auflagen in einem New Yorker Kaufhaus erhältlich und hatte nie durchschlagenden kommerziellen Erfolg.

1961 kam die erste Windel auf den Markt. Da brachte ein großer US-Konzern erstmals eine Windel auf den nordamerikanischen Markt, die nach Gebrauch komplett in den Mülleimer wandern durfte: 1973 kam diese Wegwerfwindel nach Deutschland. Seit den sechziger Jahren gab es hierzulande zwar schon die »Schwedenwindel«: Eine Zellstoffeinlage, die man nach Gebrauch entsorgte, kombinierbar mit einer Überhose aus Gummi. Aber in den siebziger Jahren schwappte die Einwegwindel-Welle in ihrer heutigen Form endgültig über den Atlantik. Die US-Windel wurde gut angenommen, war aber immer noch verhältnismäßig teuer. Die neuen Wegwerfwindeln aus den USA mit ihrer luftundurchlässigen Plastikschicht waren leider bekannt dafür, dass Babys sehr schnell einen wunden Po bekamen. Deshalb verwendeten die meisten Mütter sie nicht ausschließlich, sondern in Kombination mit Stoffwindeln. Im Urlaub beispielsweise. Oder für zwischendurch.

Wegwerfwindeln sind alles andere als nachhaltig

Es sollte noch ganze zehn Jahre dauern, bis Anfang der achtziger Jahre die Stoffwindel zum Exoten und die Wegwerfwindel zum Normalfall auf deutschen Wickeltischen wurde. Denn als alleinige Wickelmethode setzten sich Wegwerfwindeln erst durch, als 1981 der Wunderstoff »SAP« in den Windeln eingesetzt wurde, der erstmalig sehr lange Wickelintervalle ermöglichte. Frühere Wegwerfwindeln bestanden ja eben fast komplett aus Zellstoff: Das gleiche Material also wie unser Toilettenpapier. Diese reinen Zellstoffwindeln waren deshalb sehr dick. Mit der Einführung des Superabsorbers verschwand der Zellstoff nach und nach fast völlig aus den gängigen Wegwerfwindeln.

Heute besteht eine normale Windel beinahe ausschließlich aus unterschiedlichen und sehr speziellen Kunststoffen. Das Müllproblem wird durch die dünneren Windeln natürlich nur auf den ersten Blick entschärft: Eine Siebziger-Jahre-Windel hätte man bis auf eine dünne Außenfolie noch problemlos im Garten kompostieren können – heute hält die komplette Windel bummelig drei- bis fünfhundert Jahre durch. Kein so schönes Geschenk an die nachfolgenden Generationen – die Deutschen sind ja schlau und verbrennen ihren Müll ganz einfach. Leider lösen sich die Windeln trotzdem nicht in Luft auf, sondern in giftigen Sondermüll und CO_2. SAP steht für superabsorbierende Polymere, kurz Superabsorber: eine speziell behandelte Polyacrylsäure in Pulverform mit der besonderen Eigenschaft, ein Vielfaches ihres Eigengewichtes an Flüssigkeit zu binden. Die Polyacrylsäure selbst ist nicht als gesundheitsgefährdend eingestuft. Trifft allerdings Urin auf eine mit dem Superabsorberpulver verstärkte Windel, können Eltern eine charakteristische, intensive Geruchsentwicklung wahrnehmen.

Wegwerfwindeln sind also super praktisch und halten ultratrocken, sind aber nicht gerade ein großer Renner für die Umwelt und das Wohlbefinden. Aber wollen wir wickeltechnisch zurück in die sechziger Jahre: harte Plastikhosen plus angegraute Einlegelappen? Na, vielen Dank auch, aber: nein, danke!

Einmal ... beim Kinderarzt

Bis in die siebziger Jahre, also bis zur Ankunft der Wegwerfwindel, war es hierzulande tatsächlich üblich, schon ganz kleine Kinder auf eine unsensible und teils grausame Art darauf zu dressieren, aufs Töpfchen zu gehen: Man setzte die Kinder ungefähr ab dem ersten Geburtstag zu von den Eltern oder Betreuungspersonen bestimmten Tageszeiten aufs Töpfchen und erlaubte Ihnen erst wieder aufzustehen, wenn das Töpfchen erfolgreich befüllt worden war. Dabei kamen neben seelischen Grausamkeiten z. B. Schlaf-, Essens- und Liebesentzug auch andere schlimme Dinge ins Spiel: Die Kinder wurden häufig mit Riemen oder Bändern auf dem Topf fixiert, um ein Aufstehen zu verhindern. Ein Segen, dass solche Praktiken nicht mehr an der Tagesordnung sind. Ratgeberliteratur, meistens von Ärzten geschrieben, gibt's ja schon ein bisschen länger. Lesen Sie mit mir zusammen doch mal in Pipikacka anno dazumal rein: Es ist nämlich hoch spannend zu sehen, wie sich die Ansicht darüber, was für eine gesunde Pipikacka-Entwicklung gut und richtig ist, über die Jahre auch unter Ärzten verändert hat. Während sich die medizinischen Diagnosen der letzten hundert Jahre nicht stark unterscheiden – ein wunder Po ist nie gut – unterscheiden sich die Tipps zur Sauberkeitserziehung so dramatisch, dass man fast nicht glauben möchte, dass es sich immer um Ärztinnen und Ärzte handelte, die über viele Jahre jeden Tag Babys und Kinder in ihren Praxen und Krankenhäusern hatten.

100 Jahre alte Tipps eines Kinderarztes: gar nicht so altmodisch

Der Herr Dr. Ziegelroth zum Bespiel: Doktor Ziegelroth leitete Ende des 19. und Anfang des 20. Jahrhunderts ein Sanatorium in Berlin und empfiehlt – ganz modern – die Babys einfach möglichst viel ohne Windeln und Bekleidung zu lassen: Sie sollen einfach viele »Luftbäder« nehmen und zwar immer dann, wenn Witterung oder Raumtemperatur das Nacktsein ohne Gefährdung der Gesundheit erlauben. Ziegelroth lässt auch eine damalige Modeerscheinung nicht unerwähnt, die er aber anscheinend aus tiefstem Herzen verabscheut: Statt die Babys möglichst häufig frisch zu wickeln und nackt strampeln zu lassen, legen einige seiner Zeitgenossen die Kleinen in eine Art Einstreu,

die Urin und Fäkalien aufnimmt. Nicht mit unserem Herrn Dr. Ziegelroth; der empfiehlt häufiges Wickeln und darüber hinaus wärmstens die »Lahmannsche Reformwäsche der Firma Heinzelmann«. Die können Sie heute meines Wissens zwar nicht mehr käuflich erwerben, aber nicht verzagen: Jede Windeleinlage oder Unterwäsche aus weicher, anschmiegsamer Baumwolle sähe er sicher ebenso gern am Babypo.

Luftige Kleidung und bloß nichts, was einengt: Das deckt sich mit der Trick-

kiste, die Dr. Friedrich August von Ammon schon 1898 für uns Mamas parat hatte: luftige, saubere, trockene Kleidung und bloß nichts, was einengt. Von Ammon beobachtete einen Trend dazu, schon Neugeborene wie kleine Erwachsene zu kleiden, ein wahrer Visionär – ob er sich wohl vorgestellt hat, dass es heute – über hundert Jahre später – High Heels für Babys gibt?

Ein Baby soll immer dann sofort gewickelt werden, wenn es sich beschmutzt hat, dafür muss man sich ausreichend

Windeln zurechtlegen, sagt er außerdem. Ein ganz praktischer Mann, der Herr Dr. von Ammon. Das unterschreiben wir auch, oder?

Muschelseide und Torfmoos

Aber vielleicht sind Sie ja auch eher ein Fan von Frau Dr. Jenny Springers Herangehensweise an die Wickel- und Windelkunde? Frau Dr. Springer meinte jedenfalls schon in den zwanziger Jahren, dass es auch über Krankheiten hinaus keinen besseren Rat als den des Arztes geben kann. Hebammen oder noch schlimmer: Eigenen Müttern und Großmüttern und anderem nichtakademischem Fußvolk, dürfe man auf keinen Fall Glauben schenken!

Das einmal klargestellt, gab die Gute dann auch jede Menge Tipps zum Wickeln. Luft muss an die Haut – zumindest da bestand Einigkeit unter den Experten. Doch Springer warnte aufs Eindringlichste davor, das Kind auszuziehen, zu groß ihre Angst, dass es sich sofort erkältet. Stattdessen empfahl sie Torf und Torfmoos, damit die Kinder nur alle 12 bis 20 Stunden neu ge-

wickelt werden mussten. (Wenn das Doc Ziegelroth wüsste …). Den idealen Stoff für Säuglinge sah sie unter allen Umständen in Byssus – ein teures Vergnügen, denn Byssus ist aus Muschelfäden hergestellte Seide. Falls Sie also mit Jenny Springer d'accord gehen, muss ich Sie wieder enttäuschen, denn sowohl Torfmoos als auch die Mittelmeermuscheln für die Byssus-Produktion stehen inzwischen unter strengem Schutz und sind vom Aussterben bedrohte Arten. Für die 12 bis maximal 20 Stunden Wickelabstände allerdings können Sie sich heute problemlos im Supermarkt Ihres Vertrauens an Superabsorberwindeln bedienen – oder alternativ im Winter einfach die Heizung andrehen, damit ihr Baby keine Erkältung beim Wickeln bekommt.

Ultrafieses Töpfchen-Straflagertraining ist zum Glück passé

Viele der Erziehungsideale des absoluten Gehorsams und des möglichst frühzeitigen Brechens des Kindes erlebten in der Zeit der industriellen Revolution ihren Aufschwung: Millionen Menschen, die vorher in ländlichen Strukturen lebten und arbeiteten, zogen jetzt in die Städte. Dort passten sich die Familien erfolgreich den neuen Strukturen und Lebensrhythmen an. Die Kinder konnten nicht, wie auf dem Land, den ganzen Tag nahe der Mutter versorgt werden, während sie ihrer Arbeit nachging. Ein eingewickeltes Kind, das lange Zeit in seinen eigenen Exkrementen liegen musste, wurde dort am schnellsten zum Normalfall, wo der Arbeitskraft der Mutter mehr Bedeutung zugemessen wurde, als dem Wohlbefinden von Mutter und Kind. Im Deutschland der vierziger Jahre unter dem ideologischen Einfluss der Nationalsozialisten, wurde diese Vorstellung gern weiter kultiviert und verbreitet.

Nicht Mama, sondern ich selbst habe mich trocken gekriegt

Die Ärztin Johanna Harrer veröffentlichte ihren Erziehungsratgeber »Die deutsche Mutter und ihr erstes Kind«, das sich zum Megaseller mauserte. Der Ratgeber wurde mit einigen textlichen Veränderungen bis in die achtziger Jahre publiziert und war quer durch alle Schichten in Stadt und Land populär. Zur Abhärtung im eigenen Saft gären lassen und dann ultrafieses Töpfchen-Straflagertraining ist zum Glück passé: Unsere Kinder sollen ja schließ-

lich keine völkischen Soldaten werden, sondern vielleicht Grundschullehrer, Tischler oder Bürokauffrauen. Gern auch Goldschmiede oder Schiffskapitäninnen. Hauptsache glücklich eben. Im Kielwasser der achtundsechziger Jahre setzte sich schließlich die Idee durch, dass ein ans Töpfchen gefesseltes Kind nicht unbedingt zu einem selbstständigen und ausgeglichenen Erwachsenen wird, und Kinderärzte, allen voran der Amerikaner T. Berry Brazelton, forderten den graduellen und sanften Abschied von der Windel.

Den heutigen Konsens fasst Remo Largo, Schweizer Kinderarzt und Autor von »Babyjahre« zusammen: »Für das Kind ist wichtig: Nicht die Eltern haben mich trocken und sauber gemacht, ich habe das selber geschafft.« Largo sagt aber ebenso deutlich: »In Kulturen, wo es keine Windeln gibt, teilen sich die Babys ab Geburt mit, wenn sie sich erleichtern müssen. Das Verhalten verliert sich nur vollständig, wenn nie darauf reagiert wird.«

Bedürfnisorientierung ist als auch bei der Sauberkeitserziehung Trumpf: In Wirklichkeit ist dieser Entwicklungsschritt eine SauberkeitsBEziehung.

Oma Gertrud, Pipikacka-Veteranin
Waschen war ein Knochenjob!

>> *»Meine Kinder bekamen von Wegwerfwindeln immer sofort einen knallroten Po. Also habe ich bis in die Achtziger weiter mit Stoffwindeln gewickelt: keine Probleme mehr mit Wundsein! Damals habe ich die Windeln noch in einem großen Topf mit Waschpulver ausgekocht. Der Sud stank erbärmlich; Waschen war Knochenarbeit. Trotzdem würde ich immer wieder zu Stoffwindeln greifen – und jetzt gibt's ja die pflegeleichten, die man nur in die Maschine werfen muss. Unsere Stoffwindeln habe ich sogar noch – die wären übrigens sofort wieder einsatzbereit.«* <*

Pipikacka-Veteranen

Wir sind jeden Tag umgeben von Pipikacka-Veteranen: Mutige Männer und Frauen (naja, ich gebe es zu: meistens Frauen), die noch einer rohen, feindlichen Welt ohne Wegwerfwindeln trotzen mussten. Früher war Stoff also der Normalfall, aber Hochleistungswaschmaschinen und Trockner setzten sich nur langsam in deutschen Haushalten durch – kein Wunder also, wenn Wickeln als unpraktisch empfunden wurde. Und mal Hand aufs Herz, wenn ich selbst meine komplette Kleidung und die meiner Familie mit der Hand waschen müsste, würde ich noch heute ein Ladung Einwegunterwäsche im Internet bestellen. Von Einwegwindeln ganz zu schweigen.

Auch die Aussicht, bei Wind und Wetter auf dem Hof zu stehen und auf einem großen Holzofen den 30-Liter-Wecktopf zu befeuern, wäre nicht gerade der Traum meiner schlaflosen Nächte. Ich entscheide mich lieber frei, ganz nach meinen eigenen Bedürfnisse – und natürlich denen meiner Familie! Sie auch?

Dann werfen Sie gern Omas Schauergeschichten über Bord, denn der Waschhorror wird sich nicht wiederholen. »Back to the roots« in allen Ehren, aber nicht mal die eingeschworensten plastikfrei lebenden Hipster verzichten auf eine Waschmaschine.

Wickeln wie früher heißt nicht waschen wie früher. Puh! Falls sie also auch ein Baby oder ein Kind haben, das ständig unter einem roten Po leidet – denken Sie vielleicht mal an Oma Gertrud. Und zwar nicht an den großen Topf mit Spezialsuppe (Igitt!), sondern an die duftenden Babypos.

In einem unbekannten Land

Ein Baby vom Stamm der Digo in Ostafrika ist mit einem Jahr sauber und trocken. Aber ein deutsches Kind trägt im Schnitt bis zu seinem dritten Geburtstag Windeln. Warum ist das so?

Die Unterschiede im Sauberkeitsverhalten von Babys überall auf der Welt weisen erstaunlich breite Varianzen auf. Aber woran kann das bloß liegen? Vielleicht an der Genetik? Die wird doch seit ein paar Jahren eigentlich für alles verantwortlich gemacht: Von der Schwierigkeit einzuparken, bis zur Vorliebe für die Farbe Rot: Wenn man es

nicht selber war, dann waren es die Gene. Die Theorie greift beim Sauberwerden aber leider nicht. Ob Peking oder Paris, Odessa oder Osnabrück: Genetisch unterscheiden sich unsere Babys ja kaum. Etwas anderes muss also schuld sein: Die Umgebung, in der ein Kind aufwächst, und wie man dort mit dem Sauber- und Trockenwerden umgeht, scheint die entscheidende Rolle zu spielen.

Gucken wir doch mal genauer zu den Digo-Leuten. Ein sehr interessantes Volk aus Ostafrika. Die Digo beginnen nämlich gleich nach der Geburt, die Babys abzuhalten, d. h. ihnen die Ausscheidung ohne Windeln zu ermöglichen. Durch ein enges und liebevolles Verhältnis haben sie ein sehr deutliches Gespür dafür, wann das Baby sein großes oder kleines Geschäft machen möchte und reagieren prompt darauf. Mit fünf bis sechs Monaten können Digo-Babys ihr Bedürfnis sowohl tagsüber als auch nachts sicher und deutlich signalisieren, mit etwa einem Jahr sind sie selbstständig sauber und trocken, benötigen also keine Hilfe mehr, um ihr Geschäft zu machen – genau dann, wenn auch die motorischen Fähigkeiten zum eigenständigen Pipikacka-Machen ausreichen. Also eigentlich ist das gar nicht so überraschend, oder?

Made in China: Schnell-Piesler-Hosen

In China funktioniert die ganze Sache noch ein bisschen anders. China ist bekanntermaßen ein riesiges Land mit vielen verschiedenen Klimazonen. Insgesamt ist es dort aber weniger sonnig und warm als in Afrika. Während also das Digo-Baby problemlos nackt herumflitzen bzw. nackt auf dem Arm herumgetragen werden kann, kann es da bei chinesischen Babys schon manchmal ein wenig fröstelig am Po werden. Eine knappe Milliarde Menschen, also fast alle Menschen, die auch heute in China noch eher ländlich wohnen und nur über ein bescheidenes Einkommen verfügen, benutzt da etwas sehr Schlaues: die Kaidangu. Kaidangu, auch Schlitzhosen genannt, haben ein geniales Prinzip. Steht oder läuft ein Kind damit, sieht die Kaidangu aus wie eine normale Hose, nur wenn man sich hinhockt, klafft hinten der Stoff auseinander und ein etwas älteres Kind kann Pipi machen. Kleinere Kinder können in einer leicht angehockten Position abge-

halten werden. Und das alles, ohne dass der Po friert, ohne dass die Kleidung beschmutzt wird und vor allem, ohne dass die Eltern das Kind immer mühsam an- und wieder ausziehen müssen.

Kommt Ihnen das trotzdem ein wenig exotisch vor, dann verrate ich Ihnen ein Geheimnis: Die Kaidangu gab es bis vor ungefähr 100 Jahren auch hierzulande – und zwar für Kinder UND Erwachsene. Unglaublich, aber wahr. Bevor es die moderne Form der Unterwäsche gab, die täglich gewechselt wird, zogen Frauen lange, lockere Unterhosen mit Schlitz an, die auf dem stillen Örtchen einfach ein Stück auseinandergezogen wurden, damit auf Herzhausen alles schön sauber und hygienisch blieb.

Moos, Pipirinne, Kacka-Stuhl

Die Idee, dass Kinder ihre Ausscheidungen verrichten, wo sie essen oder spielen, taucht überall auf der Welt zu unterschiedlichen Zeiten und an unterschiedlichen Orten immer mal wieder auf. In der Regel wird das Wickeln aber nicht dauerhaft praktiziert, sondern ist auf Zeiten beschränkt, wo beispielsweise Arbeitsspitzen in der Landwirtschaft keine ständige Betreuung ermöglichen. Bevor es den Superabsorber aus dem Chemiebaukasten der großen Konzerne gab, hatten findige Eltern ja neben Stoff noch andere spannende Dinge entdeckt, mit denen sich Kinder recht zuverlässig trockenhalten ließen, das supersaugfähige Torfmoos haben wir ja schon kennengelernt. Früher in Teilen Deutschlands verbreitet, findet dieses Moos bis heute Anwendung zum Wickeln beim Stamm der Cree in Nordamerika. Torfmoos, botanisch Sphagnum, ist eine Pflanze, die in getrocknetem Zustand das 16-Fache ihres Eigengewichtes an Wasser aufnehmen und festhalten kann. Heute gehören Torfmoose in Deutschland ja zu den geschützten Arten; auf der Suche nach einer chemiefreien Alternative zu Superabsorber lassen Sie also die Torfmoose am besten außen vor.

In Teilen Asiens und Südamerikas benutzt man dagegen eine Art externen Katheter: Eine Pipirinne, die so vor der Harnröhre des Kindes positioniert wird, das der Urin gleich die Rinne entlang abfließen kann. Dazu muss das Kind allerdings fest am ganzen Körper umwickelt werden, damit die Rinne nicht verrutschen kann. Ähnliche Vorrichtungen gibt es auch für das große Geschäft.

In den sechziger Jahren war eine ähnliche Konstruktion auch in Deutschland erhältlich: Ein Hochstuhl, in dem das Kind am Tisch sitzen konnte, und der gleichzeitig eine Öffnung in der Sitzfläche hatte, unter die ein Töpfchen gestellt wurde. Wenn man bedenkt, dass selbst in der Nutztierhaltung getrennte Kot- und Fressbereiche vorgesehen sein müssen, ziemlich abartig, oder?

Essigsaure Tonerde. Wie wäre es stattdessen mit ein bisschen Erde? In einigen Dörfern in der Türkei benutzt man noch heute die schöne, rote Tonerde »höllük«: Nach traditioneller Art wird die trockene Erde als Pulver auf die Mullwindeln gegeben und das Kind damit gewickelt. Nach dem Katzenstreuprinzip werden dann die Klumpen regelmäßig entfernt. In genau dieser Form aus unserer Sicht eventuell eine suboptimale Idee, trotzdem kann man essigsaure Tonerde wunderbar benutzen, um rote Popos zu vertreiben. Tonerde hat antiseptische, austrocknende, blutstillende und entzündungshemmende Eigenschaften. In die Türkei brauchen Sie deshalb übrigens nicht unbedingt zu fliegen, in der Apotheke und im Reformhaus bekommen Sie essigsaure Tonerde fertig abgepackt.

Mini- und Maxi-Po – jeder muss aufs Klo

Ob ganz klein oder ganz groß oder sogar noch ungeboren: Was kommt da hinten eigentlich wann bei wem raus – und wie merkt man, ob alles seine Richtigkeit hat?

Kennen Sie auch diese Kärtchenwand im Baumarkt, aus denen man eine Farbe zum Anmischen auswählen kann? Glücklich und beschwingt schwelgt man im Meer der Möglichkeiten. Da gibt es allein mindestens 800 unterschiedliche Brauntöne (Seite 124): Cappuccinobraun, Beigebraun, Kastanienbraun, Lehmbraun, Haselnussbraun, Schwarzbraun, Ockerbraun und so geht es munter weiter, bis der Kopf raucht und die Augen tränen. Aber: Diese Vielfalt kann noch getoppt werden. Problemlos. Für den Windel- oder Töpfcheninhalt ihres Kindes werden sie die Baumarkt-Farbkarten-Vielfalt locker überholen. Und im Gegensatz zum Farbspektrum, das Sie von Ihrem eigenen großen Geschäft gewohnt sind, beschränkt sich Babykacka bei Weitem nicht auf Nuancen der Farbe braun:

Spätestens wenn das Pipi rot ist oder das Häufchen grün, kann man Babys Ausscheidungen einfach so gar nicht mit der eigenen Vorstellung einer gesunden Verdauung in Einklang bringen und guter Rat ist teuer. Bleiben Sie wachsam, denn im Pipikacka-Universum gibt es neben der Farbe noch drei weitere wichtige Dimensionen: der Geruch, die Konsistenz und natürlich die Häufigkeit.

del aufheben zum gemeinsamen De-chiffrieren? Ich könnte ein Foto machen und ihm kurz ins Büro schicken … Ach nee, heute ist ja Krabbelgruppe. Da mal fragen?

Gesagt getan, also Wickeltasche pa-cken und ab in die Krabbelgruppe. Nach dem Begrüßungslied und den obligato-rischen drei Sing- und Fingerspielrun-den können Sie endlich mal unauffällig die Frage nach dem akzeptablen Flüs-sigkeitsgrad des Windelinhalts stellen. Drei der anwesenden Mamas vermuten direkt mal die bakterielle Ruhr. Min-destens. Wenn nicht Schlimmeres. Zum Glück ist die Kursleiterin schon dabei abzuwiegeln, bevor jemand den Seu-chenschutz ruft. Schlauer sind Sie al-lerdings immer noch nicht. Dafür wis-sen Sie jetzt genau Bescheid über Farbe, Geruch und Beschaffenheit der Aus-scheidungen von Linus, Lea, Hannes, Jo-hann, Mia, Jonna und Mattis. Knöllchen, Würste, Pfützen – braun, gelb, grün oder sogar lila; von der sanften Zitrus-note bis zum Verwesungsgeruch war alles dabei: Lesen Sie jetzt die entspan-nende Wahrheit über die Vielgestaltig-keit von Kacka: Sie werden überascht sein, was alles noch als völlig unbe-denklich gilt.

Der alltägliche Wahnsinn

Und wie bitteschön, sollen Sie jetzt wissen, was sich im Bereich des Nor-malen bewegt? Flüssig und hellbraun. Geruch eher sauer. Das ist bestimmt nicht ok. Oder doch? Lacht der Kin-derarzt Sie aus, wenn Sie Ihren klei-nen Schatz in der Praxis mit den Wor-ten vorstellen: »Meine ganze Familie hat dran gerochen und sicher sind wir uns immer noch nicht … was meinen Sie, Sie haben schließlich studiert?« Aber wenn es doch Durchfall ist? Das ist doch bei kleinen Kinder total ge-fährlich. Mal Ihren Mann fragen? Der ist aber gerade gar nicht da. Also Win-

Pipikacka vor der Geburt

Der Stuhlgang von frisch geschlüpften Babys hat eine sehr charakteristische Farbe: Er ist schwarz, manchmal changiert er auch ins Dunkelgrüne. Die Konsistenz ist klebrig und teerartig. Aufgrund der dunklen Farbe und der besonderen Klebrigkeit nennt man diese erste aller Ausscheidungen auch Kindspech oder »Mekonium«. Mekonium verdankt seinen Namen dem griechischen Wort *mekōnion* für Mohnsaft, dem es in Farbe und Konsistenz angeblich ähnelt. Noch bis weit ins 19. Jahrhundert rätselten die Wissenschaftler darüber, was es mit dieser geheimnisvollen Substanz auf sich haben könnte.

Heute wissen wir, dass es sich dabei einfach um die verdauten Reste der ersten Schluckübungen in Mamas Bauch handelt: Damit nach der Geburt die Nahrungsaufnahme reibungsloser klappt, trainiert das Baby schon mal das Trinken. Und was gibt's da unten im Bauch? Klar, Fruchtwasser. Dieses Fruchtwasser besteht zu 99 Prozent aus Wasser und Elektrolyten. Außerdem dabei: eine Prise Fett, eine Prise Zucker, kluge Proteine, ein paar Hautzellen des Babys und sogar nützliche Bakterien.

Ballaststoffe im Bauch. Um die 30. Schwangerschaftswoche herum verliert das Baby dann langsam seine feinen Seidenhärchen, die den kleinen Körper schützend bedeckt haben. Diese sogenannten Lanugohaare schwimmen im Fruchtwasser herum und werden zusammen mit allen anderen Bestandteilen des Fruchtwassers beim Trinken mit hinuntergeschluckt. Dort regen sie die Muskeltätigkeit des Darms an, ähnlich wie später gesunde und ballaststoffreiche Kost. Das Fruchtwasser mit all seinen unterschiedlichen Bestandteilen wandert in den Verdauungstrakt, wo die weitere Verwertung beginnen kann. Die Flüssigkeit scheidet das Kind einfach wieder aus. Es macht also Pipi. Und das nicht gerade wenig. Gegen Ende der Schwangerschaft trinkt es um die 400 ml Fruchtwasser am Tag, die es über den Urin auch wieder abgibt. Das Fruchtwasser wird natürlich ständig erneuert und »frisch« gehalten. Der Kreislauf aus Nahrungsaufnahme und Verdauung beginnt beileibe nicht erst nach der Geburt!

Hmm ... lecker Fruchtwasser

Unsere Babys kommen also bereits mit ganz erstaunlichen Fähigkeiten zur

Welt, weil sie das perfekte Schlucken und Saugen ganz leicht, einfach und natürlich schon in Mamas Bauch gelernt haben. Wenn wir einen günstigen Zeitpunkt erwischen, können wir manchmal sogar auf einer Ultraschallaufnahme sehen, wie das kleine, noch ungeborene Baby am Daumen lutscht oder winzige Schluckbewegungen macht. Das Fruchtwasser schmeckt übrigens trotz der gewöhnungsbedürftigen Zutatenliste aus Haaren und Hautzellen richtig lecker – nämlich immer nach dem, was Mama gerade gegessen hat. Viele Babys behalten im späteren Leben eine ausgeprägte Geschmacksvorliebe für das, was Ihnen da unten monatelang mit schöner Regelmäßigkeit serviert wurde. Vielleicht beruhigt es Sie, dass in der Schwangerschaft eine Vermeidung von Nahrungsmitteln, die vielleicht Allergien auslösen könnten, sogar eher kontraproduktiv ist. (Empfehlung der Gesellschaft für Pädiatrische Allergologie und Umweltmedizin e.V.) Solange Sie also nicht selbst allergisch sind, schlemmen Sie ruhig mal so richtig los: Sojamilch, Weizenbrot, Eier, Schalentiere, Erdnüsse – der kleine Mensch in ihrem Bauch bekommt davon auch immer ein kleines bisschen ab. Und das wird er Ihnen später danken, denn was man kennt, das fürchtet man nicht. Und das Immunsystem Ihres Babys erkennt die Allergene später als Freunde wieder.

Bitte aus dem Vollen schöpfen. Unglaublich schlau ist das, denn stellen sie sich mal vor, ein Baby aus Mexiko bekommt immer schlimme Blähungen, wenn seine Mami Zwiebeln und Knoblauch gegessen hat. Ganz blöd wäre das. Denn aus Zwiebeln und Knoblauch bestehen ganz schön viele, wenn nicht fast alle Gerichte der traditionellen mexikanischen Küche. Aber zum Glück gibt es dieses Problem nicht, denn die mexikanische Mama hat ja auch während ihrer Schwangerschaft schon Zwiebeln gegessen. Und Knoblauch. Und wie die meisten Menschen, die mit uns auf diesem schönen Planeten leben, hat sie wahrscheinlich gar nicht die Möglichkeit, mal ganz spontan zu beschließen: Ab morgen darf ich ein, zwei, drei oder sogar vier wichtige Grundnahrungsmittel, die bisher auf meinem Speiseplan standen, gar nicht mehr essen. Vielleicht wohnt sie auf dem Land, vielleicht ist sie Selbstversorgerin. Und sehr wahrscheinlich hat sie kein Geld, um in einen Supermarkt zu fahren und sich dort mit Schonkost einzudecken.

Kleine Kacka-Kunde: der Stuhlkreis

Werden Sie zum Kackologen und dechiffrieren Sie ab jetzt jeden Stuhlgang Ihres Babys sekundenschnell nach der einzigartigen »KACK-Formel«.

Konsistenz + Aroma + Chronologie + Kolorierung= K.A.C.K

Sechs Farben:

1 Kindspech
- K.= zäh & breiig
- A.= geruchslos
- C.= nur in den ersten Tagen
- K.= schwarz bis dunkelgrün

2 Stillstuhl
- K.= breiig, sämig, oft wie Hüttenkäse
- A.= angenehm
- C.= täglich bis wöchentlich, je nach Alter
- K.= gelb/grün/senffarben

3 Formelmilchstuhl

- K.= pastenartig, knollig
- A.= strenger
- C.= 1- bis 3-mal täglich
- K.= braun

5 Erwachsenenstuhl

- K.= wurstförmig: glatt oder rissig
- A.= streng
- C.= mindestens 3-mal pro Woche
- K.= braun

4 Beikoststuhl (mit Muttermilch)

- K.= weich bis wurstförmig, oft mit un-verdauten Stückchen
- A.= meist eher mild
- C.= täglich bis maximal 2-tägig
- K.= gelb bis braun

Ab zum Arzt:

- schwarzer Stuhl (außer in den ersten Lebenstagen)
- weißer oder grauer Stuhl
- häufiger hellrotes Blut im Stuhl
- grüner Stuhl, begleitet von Krankheits-symptomen
- weniger als 3-mal die Woche Stuhl-gang (nach Einführung der Familien-kost oder des Breis)

Achtung – fertig – Startschiss!

Endlich ist es da: Ihr süßes, perfektes, kleines Baby! Wenn Sie in einer Klinik entbunden haben, bekommen Sie kostenlos Windeln vom Werbepartner dieser Klinik, die Sie für Ihr Kind benutzen können. Aber Sie können natürlich auch eigene Windeln von zu Hause mitbringen. Falls Sie eine außerklinische Entbindung in einer hebammengeleiteten Einrichtung oder zu Hause hatten, sorgen Sie in der Regel selbst für Windeln. Zu erkennen, ob alles in Ordnung ist, dabei hilft Ihnen natürlich Ihre Hebamme, die in den ersten zehn Tagen mindestens einmal täglich zu Ihnen kommt. Mit ihrer Erfahrung berät Sie zu gesunden Ausscheidungsfunktionen genauso, wie zu allen anderen gesundheitlichen Fragen rund ums Wochenbett, aber auch sie selbst können ganz einfach feststellen, ob alles ok ist mit der Verdauung.

Ist die Windel feucht?

Lehnen Sie sich in den ersten 24 Stunden entspannt zurück, falls Sie eine leicht feuchte Windel und eine Windel mit dem teerartigen Kindspech vorfinden. Die Urinmenge ist am ersten Tag noch nicht hoch und die Windel kann wirklich nur leicht feucht sein: Wichtig ist bloß, dass sie überhaupt feucht ist. Um das feststellen zu können, empfehle ich Ihnen, in den ersten Tagen auf Windeln mit Superabsorber komplett zu verzichten, der in allen Fertigwindeln enthalten ist; viele der gängigen Windeln absorbieren so schnell, dass es unmöglich ist, darin wenig Feuchtigkeit zu lokalisieren. Falls Sie keine Möglichkeit oder keine Lust haben, in den ersten Tagen ein Baumwollwaschläppchen oder Ähnliches zu verwenden, können sie sich helfen, indem Sie die benutzte Windel mit einer baugleichen unbenutzten Windel vergleichen: Reiben sie den Teil der Windel, der eventuell Urin aufgefangen hat, zwischen Daumen und Zeige- und Mittelfinger und vergleichen Sie. So können sie eventuell feststellen, ob das Superabsoberpulver etwas aufgequollen ist. Ähnlich geht es dann am zweiten Lebenstag weiter: Noch mehr Kindspech wird ausgeschieden und etwas mehr Pipi als am allerersten Tag landet in der Windel. Reine Pipiwindeln müssen Sie in den ersten Tagen nicht unbedingt erwarten, denn ihr Baby wird seine Häufchen mit etwas Urin begleiten.

Durchfall

Echter Durchfall ist bei Babys immer ein Fall für den Arzt. Was aber bei uns Erwachsenen eindeutig Durchfall ist, ist bei Babys, gerade bei Neugeborenen, meistens die normale Stuhlbeschaffenheit. Ein Stillbaby oder ein Kleinkind mit krankheitsbedingtem Durchfall hat 12- bis 16-mal am Tag Stuhlgang. Die Beschaffenheit ist wässrig und ohne Substanz.

Häufig ist der Durchfall begleitet von einem besonders unangenehmen Gestank. Manchmal sind auch Fieber oder andere Krankheitszeichen wie Erbrechen oder Schlappheit im Spiel. Wenn Ihr Baby keine zusätzlichen Symptome hat, und der Stuhl nicht wässrig ist, besteht aller Wahrscheinlichkeit nach kein Grund zur Besorgnis.

Kindspech und Ziegelmehl

Am 3. Tag verändert sich der Stuhl schließlich merklich und changiert immer mehr in Richtung der gelben Farbe, die er wahrscheinlich die nächsten Monate über behalten wird (wenn Sie stillen). Der Stuhl von nicht gestillten Neugeborenen ist dunkler und eher bräunlich. Eine weitere kleine Überraschung hält die Babywindel vielleicht um den dritten Lebenstag herum noch für Sie bereit. Dann könnten Sie rötliche Ablagerungen in der Windel entdecken. Aber keine Angst! Das ist bloß das sogenannte Ziegelmehl. Ein absolut harmloses Sediment aus Harnsäurekristallen. Nicht zu verwechseln mit Blut im Urin. Das Phänomen ist bei Stillbabys etwas häufiger anzutreffen. Echtes Blut könnten Sie bei kleinen Babys tatsächlich auch in den ersten ein bis zwei Wochen in der Windel finden – aber auch darüber müssen Sie sich zu diesem Zeitpunkt überhaupt keine Sorgen machen. Während rotes Blut sonst tatsächlich ein Zeichen dafür ist, dass etwas nicht stimmt, kommt das Blut hier durch den Wegfall von Mamas Schwangerschaftshormonen, die dem Baby im Mutterleib mitgeholfen haben, seinen eigenen Hormonspiegel aufrechtzuerhalten. Durch den Wegfall tritt bei kleinen Mädchen ganz kurz ein wenig blutiger Scheidenausfluss auf, der aber gleich wieder verschwindet, wenn sich die Hormone selbstständig wieder reguliert haben.

Kacka in den ersten zehn Lebenstagen

Am Ende der ersten Woche wird dann langsam aus dem schwarzen oder schwarz-grünen Mekonium sattgelber Stuhl, und die Windeln sind deutlich schwerer als zu Beginn. Sie brauchen keine Windeln zu wiegen, denn das stresst Sie nur und ist wirklich völlig überflüssig. Behalten Sie nur im Auge, dass sich die Ausscheidungsmenge in den ersten sieben bis zehn Tagen immer weiter erhöht. Bei allen Fragen wenden Sie sich einfach vertrauensvoll an Ihre Hebamme oder Ihren Kinderarzt. Im wahrsten Sinne »Pi mal Daumen« können Sie feststellen, ob die Kackamasse auch die richtige Menge hat: Bilden Sie mit Daumen und Zeigefinger einen Kreis, als wollten Sie anzeigen: Alles vom Feinsten! Alles ok! Sie dürfen ab Mitte der ersten Lebenswoche für die folgende Zeit mindestens drei Kackaportionen erwarten, die so groß sind wie dieser OK-Kreis aus Ihren Fingern. Und Achtung, lassen Sie sich

nicht veräppeln, wenn Ihnen irgendjemand erzählt, dass Babys ja auch gern mal tage- oder gar wochenlang kein großes Geschäft machen. So ein Stuhlgangmuster trifft gar nicht mal so selten auf ein acht Wochen altes Stillbaby zu, aber niemals auf ein Neugeborenes oder ein Fläschchenbaby!

Da ist ja Hüttenkäse in der Windel!

Nachdem das Kindspech nun nach den ersten paar Tagen vollständig ausgeschieden wurde, wird der Stuhl also gelb. Das muss nicht immer ein leuchtendes Gelb sein. Alle Farben aus der Senfpalette sind völlig normal: Dijonsenf, aber auch der dunklere bayerische Senf kommen häufig vor. Die Konsistenz kann von faserig bis zu sehr flüssig reichen; manche Babys haben kleine Schleimbeimengungen und manche produzieren etwas, das in seiner Beschaffenheit Hüttenkäse zum Verwechseln ähnlich sieht. Auch, wenn das Häufchen eher ins Grünliche geht, ist das meistens kein Problem. Früher dachte man, dass grüner Stuhl bei Stillkindern entsteht, wenn Mamas etwas Blähendes essen. Bei grünem Stuhl gilt jedoch: Wird das Grün von anderen

Verstopfung

Ist der Stuhl ihres Kindes fest und klumpig, wie kleine Nüsse oder klumpig und wurstförmig ohne Risse auf der Oberfläche und eventuell sogar schwer auszuscheiden, deutet sich eine Verstopfung an. Die Lösung bei Kindern, die bereits in größerer Menge feste Nahrung zu sich nehmen, ist in den allermeisten Fällen: vitamin- und ballaststoffreiche Ernährung, ausreichend Wasser trinken und genug Bewegung. Ein vollgestilltes, gesundes Kind verstopft übrigens nicht. Wenn die Verdauung problematisch bleibt, suchen Sie unbedingt einen Arzt (z. B. einen Gastroenterologen) auf und fangen Sie nicht an, selbst mit Milchzucker, Pflaumensaft und anderen Hilfsmitteln zu experimentieren, solange die Ursache für die Verstopfung nicht geklärt ist.

Symptomen wie Schlappheit, Fieber, Erbrechen, Appetitlosigkeit oder sonstigen beunruhigenden Symptomen begleitet, dann kann die Stuhlfarbe dem Arzt eventuell bei der Diagnose helfen. Umgekehrt ist aber grüner Stuhl allein noch kein Grund zur Sorge. Falls das Grün also von Gesundheits- oder Stillproblemen begleitet wird, fragen Sie Ihre Hebamme oder ziehen Sie eine gut ausgebildete Still- und Laktationsberaterin hinzu: IBCLC, DAIS, AFS und die La Leche Liga (Seite 124) pflegen Datenbanken und teilweise Hotlines oder die Möglichkeit zur Emailberatung, um Ihnen bei Stillproblemen zu helfen, die Ihre Nachsorgehebamme nicht allein bewältigen kann.

Grünes Kacka

Übrigens kann ein zunächst appetitlich senfgelbes Häuflein auch grün werden, wenn es länger der Luft ausgesetzt ist. Hat der Stuhl ihres Baby eine wirklich abgefahrene grüne Farbe oder ist er gar pink oder blau, überlegen Sie mal, ob Sie Lebensmittel konsumiert haben, die extrem viele künstliche Farbstoffe enthalten haben. Oder ob Sie Rote Bete gegessen haben. Grün wird der Stuhl übrigens auch, wenn sich die Stillmama eine Extraportion grünes Blattgemüse gönnt, das besonders reich an Eisen ist, oder wenn sie andere grüne Lebensmittel isst. Auch Nahrungsergänzungsmittel, die Eisen enthalten, können den Stuhl grün färben.

Während der ersten Wochen scheidet Ihr Baby besonders viel Bilirubin aus, ein normales Abbauprodukt des Körpers. Es handelt sich um einen eisenhaltigen Farbstoff, der ebenfalls zu einer grünen Färbung der Ausscheidung führen kann. Sie sehen also: Die meisten Farbnuancen sind völlig normal! Vertrauen Sie darauf, dass Sie intuitiv erkennen, wenn etwas tatsächlich nicht in Ordnung sein sollte. Farbangaben haben auch immer den entscheidenden Nachteil, dass jeder eine Farbe etwas anders interpretiert. Was für den einen schon grün ist, ist für den anderen vielleicht eher khakifarben oder olive, oder doch noch braun. Einfach dran denken: Farbe, Beschaffenheit und Geruch sind egal, solange es Ihrem Baby gut geht!

Wie geht es weiter?

Heute braucht sich niemand mehr grämen, wenn er seinem Baby die Flasche gibt, denn moderne, künstliche Milchnahrung für Babys ist im Nährwert sehr gut angepasst. Weil es aber noch lange nicht möglich ist, die gesamte komplexe Zusammensetzung von Muttermilch nachzubauen, bleibt Formelmilch schwerer verdaulich und, je nachdem, wann Formelmilch als Zusatz oder ausschließlich gefüttert wurde, entwickelt sich das Verdauungssystem anders. Verzichten Sie bei gesunden Babys deshalb auf die Gabe von Wasser oder Tee. Das ist überflüssig und wirft nur den Elektrolythaushalt und die Milchbildung durcheinander.

Der Stuhlgang von Stillbabys und Fläschchenbabys unterscheidet sich doch recht eindeutig: Der typische Formelmilchstuhl ist von Anfang an deutlich fester als der Muttermilchstuhl, seine Farbe ist weniger gelb, sondern eher braun. Auch der Geruch ist stärker und wird häufig als strenger empfunden. Insgesamt ähneln die Häufchen also eher dem Stuhl älterer Kinder oder dem eines Erwachsenen. Der Kackhäufchengeruch ist bei vollgestillten Babys sanft – die Windel duftet nach Buttermilch, Brot, mildem Gouda oder sogar Popcorn. Ich weiß noch, wie ich beim Windelwechseln meiner kleinen Toch-

ter gar nicht darauf kam, wonach es roch, bis mir plötzlich einfiel: »Es riecht nach Kino! Wie vor dem Popcorntresen. Verrückt!« Manchmal beschränkt sich das Wohlgeruchsempfinden allerdings auf die Eltern – so richtig gut funktioniert der Duftjoker nämlich nur bei Menschen, die das Gleiche gegessen haben und in etwa im gleichen Rhythmus leben.

Der Kacktag

Sie haben gerade aufgehört, darüber nachzudenken, ob genug, zu viel oder zu wenig in der Windel ist. Sie haben mit der KACK-Formel (Seite 26) inneren Frieden geschlossen. Glauben Sie. Ha! Denn jetzt kommt's dick: Als hätte jemand einen Schalter umgelegt, hört ihr Baby plötzlich auf, Häufchen in die Windel zu machen. Diese hübschen gelben Häufchen, an die Sie sich doch schon so gewöhnt hatten. Die sie einschätzen konnten. Die immer da waren.

Zunächst stört Sie das Ausbleiben der Kackophonie gar nicht. Schließlich sind SIE ja nicht so eine Mutter, die wegen jedes Kacks gleich Panik schiebt. SIE wissen ja, dass gestillte Babys mal länger ihren Darm nicht entleeren. Jetzt gehen die Tage ins Land.

Tag 1. Sie bemerken, dass da etwas nach der gewohnten Chronologie überfällig ist.

Tag 2. Sie schauen einfach mal.

Tag 3. Sie sind immer noch tiefenentspannt.

Tag 4. Auch andere Familienmitglieder und Selten-Wickler schöpfen Verdacht. Auf Nachfragen antworten Sie aber locker mit: Ist bei Stillbabys total normal!

Tag 5. Sie jagen die Suchmaschine durchs Web und stoßen auf die Information, dass »eine Woche ohne Stuhlgang« absolut im Rahmen sei. Sehr schön. Das dachten Sie ja gleich.

Tag 6. Jetzt sind es sechs Tage. Also fast eine Woche. Nun könnte aber langsam mal … Schließlich stillen Sie Ihr Baby nach wie vor ein Dutzend Mal am Tag oder häufiger.

Tag 7. Offiziell ist die Woche nun um. An Tag 7 sollst du … kacken? Aber es passiert nichts. Ihr Baby trinkt gut. Sieht fröhlich aus. Weint nicht mehr als sonst. Macht also eigentlich rundherum einen guten Eindruck. Hmmm.

Tag 8. Über eine Woche. Das gibt's doch nicht. Also ab in ein gutes Forum. Puuh, Glück gehabt, Sie stoßen hier auf viele Stillbabys, die locker 10 Tage ohne Häufchen schaffen. Und fühlen sich gleich wieder optimistisch.

Tag 9. Ihre innerliche Frist hat sich dank Online-Tribe noch mal verlängert, aber Ihr Mann kriegt langsam die Krise. Sie finden heraus, dass der sonst so lockere Typ, mit dem Sie zusammenleben, sich tatsächlich heimlich mit Ihrer Mutter beratschlagt hat. Die steht nämlich jetzt mit Pflaumensaft vor der Tür, den sie ihrem Enkelkind gegen die vermeintliche Verstopfung einflößen möchte. Oh, Mann! Als Sie die Steinobstintervention erfolgreich abgewendet haben, nehmen Sie sich statt des Babys heute mal Ihren Mann zur Brust. Sonst sind 10 Tage ohne Stuhlgang bald sein kleinstes Problem.

Tag 10. Die letzte Frist läuft ab. Ihre Schwiegermutter hält Sie für einen verantwortungslosen Hippie. Und Sie können sich jetzt leider nicht mal mehr mit Ihrem Mann beratschlagen, denn dem haben Sie ja gestern blumig geschildert, warum er völlig überreagiert hat und dass er gefälligst mal Vertrauen in die natürlichen Verdauungsfunktionen Ihres Babys haben soll.

Tag 11. Sollen Sie jetzt wirklich zum Arzt? Erstmal die Hebamme anrufen. Die ist ja bis zum Ende der Stillzeit für Sie da. Die Hebamme lacht und versichert Ihnen, dass mit hoher Wahrscheinlichkeit alles in Ordnung sei, aber sie käme mal vorbei, wenn es recht wäre. Es ist recht, und Sie bekommen die offizielle Absolution, die Ihnen den Gang zum Kinderarzt spart. Trotzdem schlurfen Sie an …

Tag 12. Zombiemäßig durchs Haus; Ihre ohnehin schon kurzen Schlafphasen werden überschattet von surrealistischen Träumen, in denen große und kleine Kackwürste in allen Farben des Regenbogens an Ihnen vorbeisegeln.

Tag 13. KACKPLOSION. Und – Erleichterung! Irgendwann musste es ja schließlich raus. Sie sind in erster Linie erleichtert, aber doch auch ein bisschen erstaunt, denn entgegen aller Erwartungen sieht der Stuhl auch nach mehreren hundert Stunden Verweildauer im Baby noch weich und geschmeidig aus – jedenfalls keineswegs so, wie bei Ihnen und mir, wenn wir fast zwei

Wochen lang nicht auf dem Klo gewesen wären. Dann hätten wir nämlich im besten Fall einen Diamanten produziert, realitätsnäher wäre aber ein Darmverschluss. Nicht so bei Ihrem kleinen Wonneproppen: Ihr Baby lächelt selig, während es die kleinen Därme wieder freipustet. Das nächste Mal sind Sie schon entspannter und können den Tag der Kackplosion, kurz Kacktag, auch immer sicherer voraussagen.

Machen wie die Großen

Irgendwann deckt Ihr Kleinkind nur noch einen Teil seiner Ernärung über Milchnahrung oder bekommt vielleicht schon gar keine Muttermilch oder keinen Muttermilchersatz mehr. Es hat dann auch schon lange alle Backenzähne und kann die Zellstrukturen in Rohkost endlich perfekt zermahlen. Es befinden sich in der Regel keine unverdauten Reste mehr im normalen Kackahäufchen. Prima, dann gelten nun im Prinzip die gleichen Regeln zur Beurteilung des Stuhlgangs wie auch bei Ihnen und mir! Würste sind das normale und gesunde Ausscheidungsprodukt eines ausgewachsenen Essers.

Total verwickelt – worauf kommt es an?

Mit Pipi und Kacka kennen Sie sich jetzt aus, aber welche Windel passt denn nun zu Ihnen und zum Po Ihres Babys?

Wickeln, was das Zeug hält

Gesund, günstig, ganz einfach oder schick … wie hätten Sie's denn gern? Und darf's vielleicht noch etwas mehr sein? Welche Windel passt zu Ihnen?

Früher habe ich einfach darauf vertraut, dass eine halbwegs vernünftige Lebensweise für ein gesundes Leben und ein gutes Gewissen locker ausreicht. Als ich mein Baby bekam, begann ich jedoch mehr zu hinterfragen – schließlich trug ich auf einmal die Verantwortung für einen kleinen Menschen: gesunde Ernährung, gesunder Schlaf, gesunde Fortbewegung – und jetzt auch noch gesund Wickeln?

Mal ehrlich, wenn man mit Kindern so viel falsch machen könnte, wäre die Menschheit schon längst ausgestorben. Vertrauen Sie sich: Nur Sie sind der einzige wahre Experte für Ihr Kind.

Und halten Sie es ansonsten einfach mit dem Neurologen Steve Petersen: »Ziehen Sie Ihr Kind nicht in einem Schrank auf, lassen Sie es nicht verhungern, und schlagen Sie es nicht mit einer Bratpfanne auf den Kopf.« Das kriegen Sie hin? Prima! Dann ist alles andere Kosmetik. Und wenn Sie Lust haben, jetzt noch mehr über schönes und gesundes Wickeln, das auch noch Spaß macht, zu erfahren: herzlich willkommen!

Ach so, und den Nächsten, der Sie »unentspannt«, »Mikromanagerin« oder »Helikoptermutter« nennt, weil Sie einen Ratgeber zu diesem Thema lesen, den erwischen Sie ja vielleicht tatsäch-

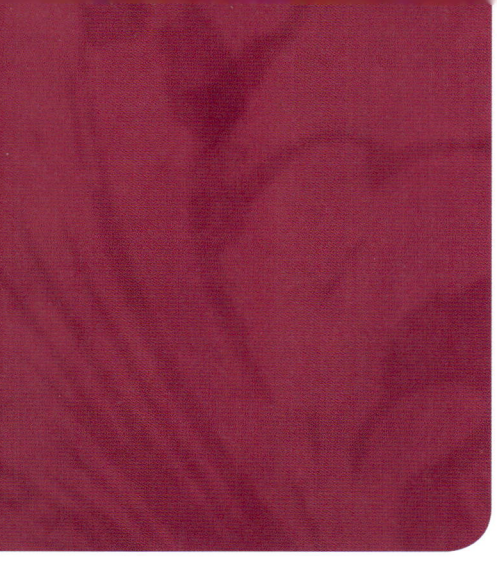

lich mit der Bratpfanne. Und nun viel Spaß bei der Wickelwahl.

Welche Windel soll's denn sein?

Wenn Sie nicht immer alles aus dem Bauch heraus entscheiden und sich gerne informieren, sind Sie noch lange keine schlechten, unentspannten Eltern, sondern hinterfragen einfach nur kritisch die Millionen Möglichkeiten, die es heute – glücklicherweise – in einer bunten, vielfältigen Gesellschaft gibt. Und aus genau diesem Grunde lohnt es sich auch, hinter DIE große Windelmarke und ihre Discount-Nachbauten zu schauen, die jeder Supermarkt im Sortiment hat. Denn wenn Sie bei der Windelauswahl intuitiv vorgehen, landen Sie wahrscheinlich direkt bei dieser Marke, die ihr Baby bereits im Krankenhaus anbekommen hat. Hierbei handelt es sich meistens um eine großzügige Spende vom Windelhersteller. Sehr selbstlos. Und der Mechanismus ist schlau: Die Windeln funktionieren, also entscheide ich – ganz intuitiv natürlich –, dass ich dann mal losgehe, um davon noch ein Paket zu holen. Und mit ziemlich großer Wahrscheinlichkeit bleibe ich und mein Kind dann daran hängen, bis die Windelzeit zu Ende geht. Damit wir uns da nicht missverstehen: Vielleicht ist die erste und einzige Marke bzw. das erste und einzige Windelsystem, das Sie benutzen, tatsächlich der große Treffer für Sie und Ihr Baby. Dann herzlichen Glückwunsch zum Jackpot!

Augen auf beim Windelkauf

Denken Sie mal an Folgendes: Sie haben ein Budget von 3 000 Euro und ziehen los, um sich davon ein Kleid zu kaufen.

Ja, das ist viel Geld, aber diese Summe entspricht etwa den Ausgaben, die sie auch dem Windelhersteller während der gesamten Wickelzeit ihres Kindes aufs Konto überweisen. Aber bleiben wir erst mal beim Kleiderkauf:

Würden Sie in einen einzigen Laden gehen und dort das erste und einzige Kleid kaufen, das im Schaufenster hängt? Nein, würden Sie nicht. Denn von Kleidern wissen Sie ja, dass es eine ziemlich große Auswahl gibt und Kleid eben nicht gleich Kleid ist: Ballkleid, Etuikleid, Strandkleid oder doch eine Hose? Sie wissen aus einschlägiger Vorerfahrung, was es so ungefähr gibt, besuchen dann ein paar Läden, um das Beste für Ihr Geld zu bekommen: gute Passform, Ihnen und dem Anlass angemessen, und innerhalb des Budgets: Klasse. Und ganz genauso funktioniert es mit Windeln. Erfahrung mit den verschiedenen Wickel- und Windelalternativen hatten Sie bisher zwar nicht, aber – nicht verzagen – das holen wir blitzschnell nach, sodass Sie eine gute und ganz individuelle Entscheidung für ihre Familie treffen können. Auch bei der Entscheidung für ein Wickel- oder Windelsystem steht bei den meisten Eltern der Gesundheitsaspekt ganz oben auf der Liste.

Gesund wickeln

Windeln und Gesundheit – da denkt man zuerst an rote Pavianpopos und vielleicht sogar den ultrabösen großen Bruder Windelsoor, eine ganz gemeine Pilzinfektion. Um Hautirritationen von vornherein zu vermeiden, gibt es tatsächlich den Königsweg: Luft an den Po! Denn nur unter Luftabschluss kann sich ein kuscheliges warm-feuchtes Klima bilden, das die zarte Babyhaut aufweicht, den Säureschutzmantel der Haut zerstört und damit ein ideales Klima für Bakterien und Pilze schafft. Die einfachste Methode, Luft an den Po zu lassen heißt: Windel ab – einfach mal nackt strampeln lassen. Super einfach, aber vielleicht nicht ständig praktikabel.

Schauen wir uns die verschiedenen Windeln an, denn je nach System sind sie sehr unterschiedlich luftdurchlässig. Wegwerfwindeln haben quer durch alle Marken eine luftundurchlässige Plastikschicht. Es findet also keinerlei Luftaustausch über die Windel statt. Dafür punkten sie mit dem bereits erwähnten Superabsorber, den »superabsorbierenden Polymeren« – einem Hochleistungskunststoff aus Acrylsäure, Natriumacrylat und ein paar Geheimzutaten, die so geheim sind, dass sie mir im Zuge meiner Recherche für dieses Buch niemand verraten wollte. Dieser Superabsorber verwandelt jedenfalls Urin in ein stabiles Gel, das Feuchtigkeit von der Haut wegführt. Durch die Plastikfolie in der äußeren Hülle, bleibt das Klima allerdings bei längeren Wickelintervallen trotzdem feucht-warm.

Auslaufsicher, aber luftundurchlässig

Ich kann mich noch gut an eine Windelwerbung aus den neunziger Jahren erinnern, obwohl ich damals selbst noch gar keine Kinder hatte: Aus zwei Glasröhrchen wurde eine blaue Flüssigkeit in zwei ausgeklappte, nebeneinander liegende Wegwerfwindeln gegossen, um zu demonstrieren, dass die beworbene Marke am wenigsten Flüssigkeit wieder nach außen dringen ließ. Bis heute ist die flüssigkeitsbindende Eigenschaft das Alleinstellungsmerkmal von Wegwerfwindeln. Es ist für viele Eltern eine große Erleichterung, dass die Flüssigkeit auslaufsicher aufgefangen wird und die Windel lange am Körper bleiben kann, falls man einmal keine Zeit oder Gelegenheit hat, zu

wickeln. Selbst Eltern, die selten Wegwerfwindeln nutzen, greifen gern bei langen Flugreisen oder während der Krippenzeit darauf zurück, wenn es vielleicht keine Möglichkeit gibt, die Windel in vernünftigen Abständen zu wechseln.

Durch eine äußere Hülle aus luftundurchlässigem Plastik entsteht aber nicht nur ein feuchtes Milieu, sondern auch Wärme. Die Temperaturunterschiede wurden 1999 von Wolfgang Sippel und seinem wissenschaftlichen Team untersucht. Sippel ist Professor für pädiatrische Endokrinologie an der Christian-Albrecht-Universität zu Kiel und stellte in dieser Studie fest, dass die Temperaturen in einer Wegwerfwindel um mehr als zwei Grad gegenüber einer Baumwollwindel erhöht sind. Ärzte wissen, dass bei männlichen Babys schon Temperaturschwankungen um wenige Grad, bedingt beispielsweise durch Hodenhochstand, eine dauerhafte Unfruchtbarkeit auslösen und zur Entstehung von bösartigen Hodentumoren beitragen können. Die genaue Risikobewertung steht noch aus, aber gehen Sie auf Nummer sicher und vermeiden Sie eine Überwärmung so häufig wie möglich.

Unser Blauer Planet

Neben der Gesundheit der eigenen Kinder, möchten Sie vielleicht auch schon an die Ihrer Enkel denken: Das Müllaufkommen ist in den verschiedenen Windelsystemen sehr unterschiedlich. Während waschbare und wiederverwendbare Windeln logischerweise fast gar keinen Müll produzieren, schaffen Wegwerfwindeln einen Anteil von 5 Prozent am deutschen Restmüll. Hut ab! Und das Volumen ist hier weniger ausschlaggebend als die Inhaltsstoffe: Während Einwegwindeln bis Anfang der achtziger Jahre noch zu über 90 Prozent aus Zellstoff bestanden, enthalten die meistverkauften deutschen Windeln überhaupt keinen Zellstoff mehr. Wer nach einer nachhaltigen und ökologisch unbedenklicheren Alternative sucht, ist vielleicht mit einer sogenannten »Biowindel« gut beraten. Hersteller dieser ökologisch sensibleren Windeln vermerken auf der Windelverpackung, zu wie viel Prozent die Windel ökologisch abbaubar ist. Auch hier gibt es gewisse Spannweiten von einer weitverbreiteten Ökomarke, die man in jedem Supermarkt bekommt und die zu 50 Prozent abbaubar ist, bis zu einem winzigen norwegischen Label,

dessen Windeln es durch abbaubare Plastikfolie auf Maisbasis immerhin auf 60 Prozent biologische Abbaubarkeit bringen. Wichtig zu wissen: Auf dem deutschen Markt gibt es derzeit keine einzige Wegwerfwindel, die ganz ohne Superabsorber auskommt.

Wie sieht die Ökobilanz für Windeln aus?

Aber wie sieht denn nun die Ökobilanz insgesamt aus? Das lässt sich gar nicht sagen, wenn man einfach nur Wegwerfwindeln und Stoffwindeln gegenüberstellt. Es kommt bei beiden Varianten auf das System und die Marke an. Trotzdem kann man sicher sein, dass die Ökobilanz umso positiver ausfällt, je mehr wiederverwendbare Komponenten ein Windelsystem nutzt. Eine wunderbare Idee entsteht gerade in Weimar: Eine luftdurchlässige und wiederverwendbare Überhose, kombiniert mit einer vollständig kompostierbaren Zellstoffeinlage.

Häufig hört man auch das Argument, sobald man eine Windel wüsche, neutralisierte sich der positive Umweltfaktor wieder selbst. Denn schließlich braucht man Wasser und Strom zum

Bonus von der Stadt für Stoffwindeln

Vielleicht haben Sie ja auch besonderes Glück und wohnen in Nordrhein-Westfalen, genauer gesagt, in Rheda-Wiedenbrück. Dort weiß man, welche riesigen Müllberge durch Wegwerfwindeln entstehen und dass die Entsorgung nicht nur umweltbelastend, sondern auch ganz schön teuer ist. Als Anreiz zur Müllvermeidung erhalten Stoffwindel-Familien einen satten Zuschuss von insgesamt bis zu 225 Euro für Stoffwindeln in den ersten drei Lebensjahren. Und immer mehr Gemeinden in Deutschland ziehen nach! Unsere Nachbarn in Österreich und auf der anderen Seite des Ärmelkanals bekommen übrigens schon lange in vielen Kommunen einen Stoffwindelbonus, der gleich in den örtlichen Babygeschäften oder online eingesetzt werden kann.

Windeln waschen. Da die meisten von uns, Sie wahrscheinlich eingeschlossen, auch nicht von Papptellern essen, um die Umwelt zu schonen, ist das Argument nicht sehr schlagkräftig. Um den ökologischen Fußabdruck möglichst schmal zu halten, können Sie im Sommer die Windeln auf der Leine trocknen oder ein schlaues System aus Überhosen und Einlagen nutzen, wo nur ein kleiner Teil der Windel jedes Mal wieder gewaschen werden muss. Aber auch wenn Sie immer ganz bequem den Trockner nutzen und superpraktische Alles-in-einem-Windeln benutzen, ist es doch schön zu wissen, dass Ihr Kind keinen Windelmüll mit dem Gewicht eines vollbesetzten Kleinwagens produziert.

Und obwohl immerhin 5 Prozent unseres Restmülls aus Windeln besteht, ist Müll etwas Feines – finden jedenfalls die Abfallentsorger, die ganz anständig an unserem Restmüll verdienen.

In den meisten Gemeinden zahlen Sie ungefähr 5 Euro für jeden Wickelmonat – so viel kostet nämlich das zusätzliche Mülltonnenvolumen für die kleinen Stinkbömbchen – wieder ein bisschen gespart!

Trouble-Shooting: wunder Po und Soor

Manchmal kommt es einfach vor: Der Babypo ist gerötet oder sogar wund. Jetzt ist es Zeit, zu handeln, damit keine Pilzinfektion dazukommt.

Der gefürchtete Windelsoor wird von einem Hefepilz verursacht, der bei den meisten gesunden Menschen natürlicherweise vorkommt. Erst wenn die Schutzfunktion der Haut nicht mehr intakt ist, verursacht der Soorpilz rote, wunde Haut, Punkte oder sogar Bläschen. Eine Infektion kann oft nur sicher durch einen Abstrich beim Kinderarzt bestimmt werden. Setzen Sie also auf Vorbeugen statt heilen! Ein Mittel, außer klarem Wasser und Luft, benötigen Sie nur, wenn ihr Baby bereits Probleme mit dem Po hat. Angetrocknetes Kacka mit etwas Pflanzenöl entfernen. Und auch falls schon Probleme bestehen, sind Wasser und Luft weiter die wichtigsten Heilmittel: möglichst häufig wickeln oder noch besser: Windel ganz weglassen!

Wichtigstes Ziel: Die Haut trocken halten, denn nur aufgeweichte, gereizte Haut bietet eine Angriffsfläche.

Erste Hilfe bei wundem Po

Puder. Lange verschrien, aber Puder in talkumfreier Version hält die Babyhaut zuverlässig trocken und ist oft ein gutes Mittel, wenn man die Windel nach dem Saubermachen gleich wieder anlegen möchte. Die Restfeuchtigkeit auf der Haut vom Abwischen nimmt der Puder auf und verhindert Rötung und Reibung.

Zinkpaste zieht nicht in die Haut ein, weil sie kaum Fett und Wasseranteil hat, sondern bedeckt die Haut mit einem dünnen Film. Die Paste lässt sich sehr

schwer wieder entfernen und sollte nur nach Absprache mit dem Arzt länger als ein paar Tage verwendet werden.

Essigsaure Tonerde. Ein bisschen Schweinkram ist das mit dem Tonpulver schon, aber wenn nichts anderes hilft, einen Versuch wert, denn es beruhigt gereizte Haut sehr zuverlässig. Vorsicht, dass Ihr Kind sich an den Tonpartikeln nicht wund reibt – für mobile Babys also weniger geeignet.

Heilwolle ist Schafswolle, die das natürliche Wollfett Lanolin enthält. Lanolin wirkt entzündungshemmend und pflegend. In jede frische Windel, die man um den penibel gereinigten und trockenen Babypo legt, ein Büschel Heilwolle geben. Mein Tipp: Statt der teureren Heilwolle aus der Apotheke, schauen sie

doch mal, ob bei Ihnen in der Nähe irgendwo Schafe weiden. Unglaublich: Die Schurwolle ist meistens ein Abfallprodukt.

Ja zu
- Luft an den Po
- Wasser & Waschlappen
- häufigem Windelwechsel
- locker angelegten Windeln
- bei Problemen: Hilfe holen

Nein zu
- herumcremen, weil's »dazu gehört«
- Cremes und Lotionen auf Wasserbasis
- regelmäßiger Benutzung von Fertig-Feuchttüchern (auch in der Sensitiv-Version)
- Pflegeprodukten mit rot markierten Inhaltsstoffen (www.codecheck.de)

Entspannt wickeln

Bei aller Liebe zum gesunden Babypo, aber im Alltag soll das Wickelsystem bequem und praktikabel sein. Für manche bedeutet eine entspannte Wickelzeit eben, möglichst selten zu wickeln. Wenn man tatsächlich solche maximalen Wickelintervalle erreichen möchte, ohne dass Feuchtigkeit nach außen dringt, ist man mit den teuersten, konventionellen Wegwerfwindeln sicher sehr gut beraten: Diese Windeln kosten so viel, weil eine große Menge eines besonders teuren und hochleistenden Superabsorbers darin verbaut wurde, der zusätzlich zu seiner normalen molekularen Struktur noch speziell oberflächenbehandelt wurde, um eine maximale Flüssigkeitsbindung zu erreichen. Der Urin wird sicher und dauerhaft gebunden.

Als Nachteil empfinden einige Eltern, dass sich beim Kontakt dieser Hochleistungswindel mit Urin ein starker Geruch entfaltet. Trotzdem kann eine superabsorbierende Wegwerfwindel ein zuverlässiger Begleiter sein. Es gibt übrigens keinen Vertrag, den man für das eine oder andere Wickelsystem unterzeichnet: Es steht Ihnen jederzeit frei, so zu kombinieren, wie es in Ihren persönlichen Alltag am besten hineinpasst – entspannt wickeln bedeutet nicht für jeden dasselbe und nicht immer mit den gleichen Windeln!

Der Wickelplatz

Eine Wickelkommode – die braucht man auf jeden Fall, oder? Steht doch immer auf diesen Listen drauf. Naja, eine Wickelkommode ist natürlich nicht verwerflich, aber wirklich nötig eben auch nicht. Sie können ganz bequem auf jeder flachen Oberfläche wickeln. Einfach ein weiches Handtuch drauf und voilà, fertig ist die Wickelkommode.

Riesenvorteil: Sie haben Ihre Wickelgelegenheit immer dabei. Und Sie müssen kein Geld für eine Kommode plus passender Unterlage ausgeben. Die Wickelunterlagen haben ohnehin den Nachteil, dass sie entweder aus wenig ansehnlichem und noch weniger kuscheligem Plastik sind, dafür abwischbar oder aus weichem, aber unpraktischem Stoff. In beiden Fällen legen sie sowieso immer ein Handtuch oder ein Moltontuch unter das Baby – warum sich also nicht den ganzen Aufwand

Selbstgemachte Stoff-Feuchttücher to go

Wenn Sie die Homemade-Feuchttücher ineinanderfalten, können Sie mit leeren Feuchttuchboxen selber oma-, kita- und papafreundliche Spenderbehälter herstellen. Sogar vorher anfeuchten ist möglich – und damit bei vorbefeuchteten Tüchern ganz ohne Konservierungsstoffe so schnell nichts schimmelt, kochen Sie die Tücher einmal kurz im Topf auf und falten sie dann zusammen. Das ist auch eine besonders gute Idee, wenn Ihr Kind auf gekaufte Feuchttücher bereits allergisch reagiert.

sparen und einfach dort wickeln, wo Sie gerade sind?

Passende Wickelunterlage. Als sehr praktisch für unterwegs wie auch für zu Hause haben sich gepolsterte, abwischbare Wickelunterlagen erwiesen, die sie in fast allen Geschäften und Online-Shops kaufen können. In Geschäften, die auch Stoffwindeln führen oder in Online-Shops wie Dawanda, bekommen Sie Wickelunterlagen, die mit dem atmenden und gleichzeitig wasserabweisenden Material PUL beschichtet sind. Jedes Sideboard, jeder Schreibtisch, jede Couch verwandelt sich im Handumdrehen in eine mehr als vollwertige Wickelkommode. Noch besser: Wickeln Sie einfach gleich auf dem Fußboden. Dann vermeiden Sie auch jegliches Risiko eines Sturzes, denn sogar ganz kleine Babys schaffen es, sich blitzschnell zu drehen oder sich fortzubewegen.

Zum Po säubern können Sie natürlich ganz normale Feuchttücher benutzen – eine tolle und chemiefreie Alternative sind aber auch waschbare Feuchttücher. Auch Nicht-Stoffwickler wissen die Vorzüge von Mehrwegtüchern zu schätzen. Bei einem großen Geschäft müssen sie von den gängigen Feuchttüchern häufig sechs, sieben Stück aus der Packung pulen, bis der Popo so richtig sauber ist. Trotzdem haben Sie oft noch Stuhl an den Fingern, weil durch die dünnen Tücher häufig etwas durchgeht. Wenn Sie dagegen ein feuchtes Stoffläppchen verwenden, werden Sie feststellen, dass ein einziges ausreicht, um selbst größere Kackplosionen rückstandslos zu beseitigen.

Super praktisch: Sprühflasche mit Wasser. Eine kleine Sprühflasche mit klarem Wasser! Einfach Baumwollläppchen oder Waschlappen ansprühen und fertig ist das supereffektive Feuchttuch ganz ohne fiese Konservierungsstoffe oder andere überflüssige Inhaltsstoffe. Bekommen Sie alles für schmales Geld bei ihrem nächsten Besuch im schwedischen Möbelhaus ihres Vertrauens oder für etwas mehr Geld als »waschbare Feuchttücher« in niedlichen Designs und bunten Farben im Internet.

Unterwegs wickeln

Mama sein und trotzdem flexibel und spontan bleiben: da hilft eine schlau gepackte Wickeltasche. Nicht zu groß und nicht zu klein sollte sie sein (für Trageeltern bietet sich eine »Onbag« an, die ist symmetrisch und damit rückenschonend), das meiste brauchen Sie ohnehin nicht und schleppen es nur unnötig durch die Gegend, aber das Essenzielle muss bequem und greifbar zu verstauen sein.

- Windeln: zwei, drei immer schon vorpacken … und ab geht's jederzeit auf einen Kaffee, auf den Spielplatz oder zum spontanen Treffen mit Freundinnen.
- Wasserfester PUL-Beutel oder Plastiktasche: gebrauchte Tücher und Windeln möchte man manchmal unauffällig wieder einstecken, damit die Küche der besten und kinderlosen Freundin nicht allzu sehr beduftet wird. Oder: Die schmutzige Windel unauffällig vor die Haustür der Gastgeber legen und nach dem Besuch mitnehmen – das hält auch Einbrecher sicher fern.
- Feuchttücher: Schleppen Sie keinen klobigen Hartplastikspender mit, sondern lieber eine kleine Reisepackung Feuchttücher oder drei Waschlappen und eine kleine Zerstäuberflasche mit klarem Wasser, die ist auch als Flecken- und Wischmittel universal einsetzbar und dazu noch ultrahautfreundlich.
- Ersatz-Outfit: für den Fall der Fälle reichen oft ein Paar schicke Babystulpen, ein Shirt und eine neue, passende Windel – so ist Ihr Kind fix wieder frisch und stylisch angezogen – und Ihre neueste Windel können Sie gleich präsentieren.

Mit Stoffwindeln unterwegs

Bei längeren Urlaubsreisen ohne Möglichkeit zu waschen, stecken Sie die Windeln einfach in eine größere Tasche – möglichst aus atmungsaktivem PUL-beschichtetem Stoff. Solche Taschen erhalten Sie unter dem Namen »Wetbags«: Dort können die Windeln durch ständige Luftzufuhr eintrocknen, ohne zu schimmeln und Sie können zu Hause in Ruhe waschen. Verreisen Sie häufig? Dann ist ein System aus Einlagen und Überhosen super für minimale Wäsche und maximale Reichweite. Dauert der Urlaub nur mal ausnahmsweise länger und haben Sie nicht genug Windeln vorrätig, können Sie auch Wegwerfeinlagen benutzen oder mit Wegwerfwindeln Ihre Reserve auffüllen.

• Je nach Alter und Art der Ernährung noch Fütterutensilien: Falls Sie das Fläschchen geben, benötigen Sie wahrscheinlich eine etwas größere Wickeltasche, packen Sie die Utensilien, sodass Sie unterwegs möglichst wenig Stress mit der Zubereitung bekommen. Das Volumen und das Gewicht ist dann gar nicht so wichtig.
• ein kleines Spielzeug oder ein Bilderbuch zum Beschäftigen

Sie stecken, je nachdem, wie lange sie unterwegs sein werden, zwei oder drei Stoffwindeln ein plus ein oder zwei zur Sicherheit (oder noch mehr, falls gerade Kacktag ist).

Genau wie die Windeln wandern benutzte Feuchttücher in einen zweiten, gut verschließbaren und vor allem dichten Beutel. Diesen Beutel haben Wegwerfwickler und Stoffwickler übrigens gleichermaßen dabei, denn auch eine gebrauchte Wegwerfwindel müffelt und will gut verschlossen abtransportiert werden.

Das Baby richtig anfassen
Babys sind zarte kleine Wesen, logisch, dass man Angst hat, dieses winzige Neugeborene falsch anzufassen, auch wenn die Kleinen eigentlich sehr robust sind.

Auch Ihre eigene Haltung beim Wickeln sollte bequem sein. Gerade nach einer schweren Geburt, ist Schonung für Sie besonders wichtig. Fürs Wickeln gibt es ein paar tolle Tricks. Damit die zarten Babyhüften und -gelenke geschont werden, sollten Sie nicht an ihrem Kind ziehen. Aber wie soll man denn wickeln, ohne mindestens ein Beinchen hochzuheben oder hochzuziehen? Ganz einfach: Greifen Sie mit Ihrer rechten Hand an den linken Oberschenkel Ihres Babys, sodass das rechte Babybeinchen etwa auf Ihrem rechten Handgelenk zu liegen kommt. Statt nun den Beckenbereich anzuheben, kippen Sie das Becken des Babys in einer Rollbewegung nach vorne und können so in Ruhe den Pobereich säubern und eine frische Windel unterlegen.

Den richtigen Platz finden. Wickeln Sie immer dort, wo Sie sich bequem hinsetzen oder stellen können: auf dem Boden, am Couchtisch, auf dem Sofa oder sogar auf Ihrem Schreibtisch: Wichtig ist nur, dass Sie es bequem haben und immer eine Hand an Ihrem Baby bleibt, egal wie wenig beweglich das Baby zunächst noch wirkt oder wie kurz Sie sich entfernen. Gerade in den ersten Wochen beobachtet man bei vielen Babys, dass sie sich bereits drehen. Das ist noch kein bewusstes Drehen und kann deshalb quasi »aus Versehen« in jedem Lebensalter passieren, ohne dass es irgendwie vorhersagbar wäre. Also besser: Immer eine Hand am Kind!

Sparfuchswickeln

Die günstigsten Wegwerfwindeln zu ergattern, das kann eine freizeitfüllende Beschäftigung werden. Beim großen Markenwindelhersteller spielen Wertmarken oder Coupons eine wichtige Rolle. In etwa den gleichen Rabatt wie beim Coupons-Ausschneiden bekommen Sie auch Online in einschlägigen Versandhäusern. Sie müssen dann nur die bösen Blicke des Postboten ertragen, wenn er die schrankgroßen Kartons zu Ihnen buckeln soll. Die zweite große Windelfirma, mit Firmensitz in Belgien, die fast alle deutschen Discounter mit Windeln ausstattet, unterhält bundesweit sogenannte Windellaster. Diese LKW steuern ungefähr alle vier Wochen viele deutsche Städte an und geben Großpackungen Windeln zu sehr günstigen Preisen ab. Dort können Sie sogar Ökowindeln ergattern.

Papa Nils, 36, Agrar-Ingenieur und Stoffwindelpapa

Man kann so viel Geld sparen!

›› *»Erst hatte ich nicht so richtig Lust auf Stoffwindeln, aber als meine Frau mich fragte, wie ich es fände, 2 000 Euro an Windeln zu sparen, war ich sofort an Bord! Inzwischen kann ich mir gar nichts anderes mehr vorstellen, und wir lächeln im Supermarkt immer über die Leute, die teure Windel-Mega-Kartons wegschleppen, nur um die Windeln später in die Mülltonne zu werfen.«* ‹›

Rechnen wir für eine Markenwindel mit einem Preis von 25 Cent pro Stück bei mindestens acht frischen Windeln am Tag, so wie es Kinderärzte empfehlen, und eine Wickelzeit von drei Jahren macht das stolze 3 000 Euro. Dazu kommen nochmal circa 5 Euro im Monat für eine größere Mülltonne. Die 5 Euro zahlen Sie in Rheda-Wiedenbrück übrigens auch nicht, dort werden Sie mit kostenlosen Windelsäcken versorgt. Lassen Sie sich von den folgenden Zahlen einfach mal inspirieren.

2 400 Euro gespart

Bei Stoffwindeln sind die Varianzen sehr groß, aber wenn Sie sich für ein etwas teureres, aber hochwertiges und modernes Zwei-Größen-System (Seite 62) entscheiden, investieren Sie für die gesamte Zeit bis zum Trockenwerden circa 600 Euro. Natürlich muss man das Geld nicht auf einmal ausgeben. Dazu kommen Waschkosten, die zwar je nach Waschmittel, Wasserkosten und Waschmaschine schwanken, aber in etwa 50 Cent pro Waschladung betragen. Bei circa 120 Wäschen im Jahr macht das nochmal 180 Euro für drei Jahre, wobei kaum ein mit Stoff gewickeltes Kind so lange Windeln trägt. Nur knapp 300 Euro geben Sie für die komplette Wickelzeit aus, wenn Sie mit Mullwindeln und Überhosen in guter Qualität wickeln.

Halten Sie sich lieber fern von extremen Billig-Stoffwindeln: Eine sehr billige Windelmarke aus Fernost kostet meistens mehr Geld, als sie spart. Die Garantieleistungen sind mies, die Qualität und Lebensdauer sehr begrenzt. Diese Windeln bestehen aus nicht kontrolliertem und chemisch belastetem Material und entstehen unter menschenunwürdigen Arbeitsbedingungen.

An einer Markenwindel haben Sie sicher dauerhaft mehr Freude.

Nicht ewig wickeln

So spannend, schön und bunt die Wickelzeit auch sein kann: Irgendwann ist auch mal Schluss! Sie möchten nicht mehr wickeln? Sie würden sich riesig darüber freuen, wenn Ihr Kind endlich auch mal Interesse am Töpfchen zeigen würde? Dann bieten Sie ihm einfach Alternativen zur Windel an! Haben Sie keine Angst und erinnern sich: Ein magisches Datum gibt es nicht! Vielleicht braucht Ihr Kind beim Töpfchenbesuch noch ein wenig Hilfestellung, vielleicht sagt es auch noch nicht (immer) an, wann es zur Toilette muss, aber indem Sie sensibel beobachten und immer wieder spielerisch Gelegenheiten zum Pipikacka-Machen bieten, es häufig mitnehmen, wenn Sie selbst zur Toilette müssen, wird sich Ihr Kind bald von seiner Windel verabschieden.

Und wer sieht es überhaupt nicht gern, dass Ihr Kind die Windeln loswird? Wer verdient einen großen Haufen Geld mit unendlich lange gewickelten Kindern? Na, Sie wissen schon …

Genau: Denn obwohl der große Windelgigant schon nach Kräften versucht, auf Nummer sicher zu gehen und die Wissenschaftler für Windelstudien lieber gleich direkt selbst bezahlt, stellen anscheinend doch immer noch zu viele Eltern die Frage: »Werden Kinder, die mit superabsorbierenden Windeln gewickelt werden, später sauber und trocken?« Jedenfalls ist diese Frage unter den am häufigsten gestellten Fragen auf den Hersteller-Webseiten zu finden.

Man kann das Sauberwerden verlangsamen

Nein, behaupten die Konzerne, weil ja die Wickelart keine so große Rolle spielt, wie die Erziehung und die Lebensumstände. Und ja, man könne Kinder früher trocken bekommen, aber das natürlich nur mit gemeinem, seelenverkrüppelndem Drill. Schließlich, so werden die Leute, die uns Windeln verkaufen möchten, nicht müde zu behaupten, hängt der Zeitpunkt des Trockenwerdens allein von der Reife des Kindes ab und das Kind signalisiert irgendwann (aus Herstellersicht möglichst spät natürlich) selber, wann es bereit ist, das Töpfchen zu verwenden.

Klar ist es absolut richtig, dass jedes Kind ganz unterschiedlich ist und man auf gar keinen Fall mit Druck oder Dressurmaßnahmen das Sauberwerden erzwingen soll, aber ein Kind bis zum fünften Geburtstag in Windeln plus Body zu stecken und auf einen magischen Tag zu warten, bis es die Windel selbst wütend herunterreißt, hat sich wirklich nicht besonders gut bewährt. Jedenfalls aus Elternperspektive nicht. Aus der Perspektive der Hersteller ist das allerdings eine astreine Strategie.

Gemein ist es schon: Man kann das Sauberwerden zwar nicht beschleunigen, aber man kann es verlangsamen, indem man Babypopos hermetisch einpackt und die Signale des Kindes geflissentlich ignoriert.

A-A Kadabra, Windelus verschwindibus!

Habe ich eben gesagt, es gäbe keinen magischen Tag? Da habe ich mich nicht ganz richtig ausgedrückt, denn der magische Tag ist … genau heute! Heute, gestern, morgen, übermorgen, wenn jeder Tag so gut oder schlecht wie der andere ist, warum dann weiter nach Ausreden suchen? Auf den Sommer warten? Wer weiß, ob der dieses Jahr überhaupt kommt.

Auf den Satz des Kindes warten: »Ich brauche jetzt keine Windel mehr«? Viel Spaß beim Warten, aber vielleicht gehört Ihr Kind ja zu den 20 Prozent, die den Sprung so schaffen. Oder erstmal abwarten, dass man selbst weniger Stress hat? Ernsthaft – kommen Sie, das wird sich nicht großartig ändern – also los, worauf warten Sie?

Drei Regeln:
1. Lassen Sie einfach mal die Windel weg.
2. Begleiten Sie liebevoll.
3. Bleiben Sie entspannt.

Lassen Sie die Windel weg und beobachten, wie Ihr Kind darauf reagiert. Einige Kinder sind irritiert. Kein Wunder: Wenn man das Ding jahrelang am Hintern hatte, ist das ja auch ein komisches Gefühl. Die meisten freuen sich jedenfalls über die gewonnene Freiheit! Wenn Ihr Kind sich ohne Windel nicht wohlfühlt, dann erzwingen Sie nichts. Nutzen Sie stattdessen gewohnte windelfreie Intervalle als Startpunkt – z. B. beim Baden – und dehnen Sie sie ganz vorsichtig immer weiter aus. Wenn das Kind sich ohne Windel wohlfühlt: Herzlichen Glückwunsch, Sie haben es geschafft! Sie werden sehen, dass Ihr Kind schnell begreift, dass man nicht überall hinmacht. Ganz automatisch. Macht ja kein Säugetier – und Sie trauen Ihrem Kind doch mindestens genauso viel zu wie einem Meerschweinchen, einem Schimpansen oder einem Nacktmull? Die können das nämlich alle mit etwas Unterstützung ihrer Eltern ab Geburt. So wie jedes andere Säugetier.

Love is in the Air!
Liebevolle Begleitung heißt nicht unbedingt, den ganzen Tag hinter dem Kind mit dem Töpfchen herzuhecheln – im Gegenteil: Halten Sie sich möglichst im Hintergrund und seien Sie stiller Beobachter. Verzichten Sie auf Ansporn und vor allem auf Kritik. Signalisieren Sie ihrem Kind, wohin das Geschäft gehört: Nehmen Sie es mit auf die Toilette, beschreiben Sie, was Sie gerade tun, wenn Sie und Ihr Kind es mögen, nehmen Sie es mit auf den Klositz.

Relax – take it easy!

Rom wurde nicht an einem Tag er-
baut und es wird immer mal wieder etwas in die Hose gehen. Kein Problem,
Sie dürfen dem Kind auch wieder eine
Windel anziehen, wenn Sie merken,
dass Sie mit den kleinen Unfällen nicht
mehr leben können. Stellen Sie nur sicher, dass die Windel nicht als Strafe
für die nasse Hose empfunden wird.

Wenn es dunkel wird

Kennen Sie auch den Windel-Werbe-
slogan »12 Stunden goldener Schlaf«?
Und mal ganz ehrlich, was fehlt denn

frischgebackenen Eltern im ersten Jahr
am meisten? Genau: Schlaf! Wenn Sie
nicht gerade zu denen gehören, die Ihr
Kind im Westflügel ihres großzügigen
Anwesens parken, um dann die Bat-
terien aus dem Babyphon zu entfernen, werden Sie sicher wissen, dass Babys sehr häufig nachts wach werden.
Und liegt das am nassen Po? Nein, natürlich nicht. Das behaupten nur die
Menschen, die ihre Windeln verkaufen möchten. Die Menschen, die ganz
viele Breigläser verkaufen möchten sagen übrigens, dass das nächtliche Aufwachen gar nicht durch einen trockenen Po behoben werden kann, sondern

vielmehr durch möglichst schwer verdauliche Kohlenhydrate kurz vorm Zubettbringen. Alles Blödsinn.

Denn das nächtliche Aufwachen liegt ganz einfach daran, dass Babys genetisch auf Milch programmiert sind. Völlig egal übrigens, ob Still- oder Fläschchenbabys. Und solange die Muttermilch in kurzen Abständen entnommen wird, ist das Kind besser vor dem plötzlichen Kindstod geschützt und Mama hält einen Hormonspiegel aufrecht, der eine erneute Befruchtung unter bestimmten Bedingungen sehr unwahrscheinlich macht (Laktationsamenorrhö-Methode) – aber verlassen Sie sich nicht darauf! Also: Schlaue Babys trinken nicht nur häufig, weil sie dann einfach rundum gut versorgt sind, sondern auch, um sich die Konkurrenz in Form eines Geschwisterchens vom Leib zu halten. Früher war das wichtiger als heute, es ist aber immer noch genauso anstrengend.

Wer durchschläft, macht kein Pipi. Die Idee, dass ein trockener Po einen längeren Schlaf garantiert, ist deshalb auch nur scheinbar gut: Wer nämlich durchschläft, macht in der Regel gar kein Pipi. Oder wie oft sind Sie schon aufgewacht, weil Sie in einer Pfütze aus ihrem eigenen Urin lagen? Noch nie, hoffe ich mal. Das liegt daran, dass ihr Stoffwechsel nachts runterfährt. Ganz tief runter, sodass Vorgänge wie die Urinproduktion nur in Zeitlupe ablaufen. Wenn also ein Kind irgendwann durchschläft, muss es auch in der Regel nachts nicht mehr. Da besteht ein unmittelbarer Zusammenhang. Und die Fähigkeit zum Durchschlafen entsteht tatsächlich durch einen physiologischen Reifeprozess. Bis dahin haben Sie zwei Möglichkeiten: Entweder, Sie behalten Ihr Kind so nah bei sich, dass es sich mitteilen kann, wenn es nachts mal aufs Klo muss, oder Sie ziehen nachts noch deutlich länger als tagsüber eine Windel an. Entscheiden Sie als Familie, was am besten zu Ihnen passt.

In China tragen sie Windeln

In China kommt ja gerade jetzt erst die Wegwerfwindel ganz groß in Mode. Eigentlich wollten die Chinesen gar keine Wegwerfwindeln. Brauchten Sie auch gar nicht. Chinesische Babys werden nämlich in süßen, kleinen Meitais herumgetragen und abgehalten, wenn Sie mal müssen. Der »Meitai« ist eine praktische traditionelle Trage-

hilfe (Der Cocktail, an den Sie jetzt vielleicht gerade gedacht haben, heißt übrigens Maitai.) Aber wieso kaufen die
denn jetzt doch Windeln, die Chinesen?
Wenn das doch alles angeblich so super
ist mit dem Rumtragen und Abhalten?
Naja, viele Chinesen, vor allem die, die
sich jetzt Wegwerfwindeln leisten können, gehören zur aufstrebenden Mittel-
schicht. Und die möchte vor allem eins
für ihre Kinder: Aufstieg. Und zwar vor
allem durch Bildung. Was hat das denn
bloß mit Windeln zu tun? Ganz einfach: Als 1998 die Markteinführung
von Wegwerfwindeln ein phänomenaler Bauchklatscher für den Windel-
konzern wurde, überlegte man sich in
der Chefetage, wie denn diesem wider-
spenstigen chinesischen Markt nun bei-
zukommen wäre. Die Billigversion der
West-Wegwerf-Windeln hatte man den
Chinesen verkaufen wollen. Ein Produkt, das rote Abdrücke am Babypo
hinterließ und sich schon beim Berüh-
ren sehr nach minderwertigem Plastik
anfühlte. Das Produkt floppte natürlich

in einem Land, wo Kinder nicht nur wegen der Ein-Kind-Politik sondern tra-
ditionell das Wertvollste auf der Welt
sind und wo es nicht mal Verständnis
dafür gab, warum man einen Babypo
überhaupt einpacken muss.

Aber: Problem erkannt, Problem ge-
bannt. Die Windeln wurden nach west-
lichem Standard qualitativ angepasst
und entsprechend aufgehübscht. Nun
war das Produkt schön, aber der Bedarf war leider immer noch nicht da.
Also gab man schnell eine Studie in
Auftrag, die (angeblich) belegte: Kinder in Supersaugwindeln schlafen länger. Und wer mehr schläft, der wird
schlauer. Schwupps, eine gute Milliarde potenzieller Neukunden. Da lohnt
es sich auch, die Wissenschaftler selbst
zu bezahlen. Deshalb: Kein schlech-
tes Gewissen haben, wenn Sie mit dem
Gedanken spielen, weiniger Wegwerfwindeln zu benutzen. Arbeitsplätze
gefährden Sie keine. Neue Abnehmer
gibt's noch viele.

Richtig guter Stoff!

Stoffwindeln: Vom Märchenprint bis zu winzigen pastellfarbenen Wollhöschen erobern Stoffwindeln Deutschland im Sturm: gesünder wickeln, Spaß haben und nebenbei jede Menge Geld sparen.

Weil die neue Stoffwindelgeneration so unglaublich pflegeleicht ist, hat man bei Stoff heute nur noch eine Qual: die Qual der Wahl! Da ist eine Windel niedlicher als die andere und wer bisher geglaubt hat, dass schon Babykleidung kaufen Spaß macht, der sollte erstmal Stoffie-Shopping ausprobieren! Ein schickes Accessoire in Form einer Windel, das gleichzeitig auch noch Geld spart. Da ist Geiz ja wirklich mal geil: Streifen, Punkte, Herzen, Eulen, Igel, Blümchen oder Totenköpfe? Flieder, sonnengelb, taupe, hellblau, crèmeweiß, schokoladenbraun oder uni? Zuckersüße Stoffwindeln sind heutzutage aus kuschligem Frottee, luxuriösem Jacqardgewebe oder aus einem Hauch von Baumwoll-Jersey!

Und denken Sie dran: Die meisten Stoffwindeln sind genauso aufgebaut wie eine Wegwerfwindel: saugender Kern plus Außenhülle. Das Ganze aus weichen, schönen Stoffen statt aus Plastik. Und deshalb atmungsaktiv, frei von bedenklichen Chemikalien und natürlich wahnsinnig schick. Der Markt ist so riesig und verändert sich so schnell, dass Sie sich zu Beginn des Stoffwindelabenteuers vielleicht etwas überfordert von der großen Auswahl fühlen. Gewinnen Sie jetzt einen ersten Überblick im Stoffwindeluniversum.

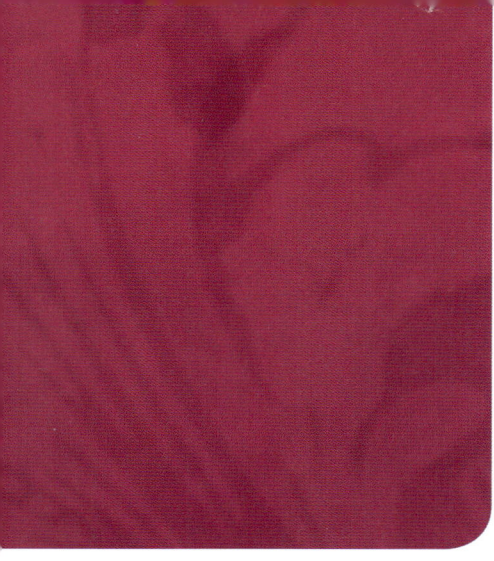

die je nach Laune bunt durcheinander verwendet werden. Andere haben ihr Traumsystem und bleiben einem oder zwei Modellen treu.

Jetzt mal im Ernst – echte Windeln?

Machen Sie den Test:

- Ihr Baby hat einen zarten und empfindlichen Po, für den das Beste gerade gut genug ist?
  Ja ☐   Nein ☐
- Sie lieben schicke Windeln, aber bitte nicht bis zur Einschulung?
  Ja ☐   Nein ☐
- Sie schonen gerne Ihr Portemonnaie UND die Umwelt?
  Ja ☐   Nein ☐
- Coole Designs und hochwertige Biostoffe machen Sie mehr an als Plastikfolie und Chemie?
  Ja ☐   Nein ☐
- Wickeln muss einfach und bequem sein! (Ja, ernsthaft, das geht mit Stoff …)
  Ja ☐   Nein ☐

Alle Fragen mit »Ja« beantwortet? Herzlichen Glückwunsch, sehr gut! Dann lassen Sie uns gemeinsam ins Abenteuer Stoffwindel stürzen.

Stoffwindel live

Am besten legen Sie los, indem Sie sich zwei, drei verschiedene Stoffwindeln anschaffen oder ausleihen und einfach mal losprobieren. Oder vielleicht haben Sie ja im Bekanntenkreis jemanden, der bereits mit Stoffwindeln wickelt, oder aber es gibt in Ihrer Nähe Stoffwindeltreffen, Stoffwindelläden oder Stoffwindelworkshops: Alles Gelegenheiten, verschiedene Stoffwindeln mal live kennenzulernen. Wenn ein, zwei Windeln gut funktionieren, können Sie langsam aufstocken. Viele Stoffwindelmamas haben eine breite Palette verschiedener Windeln in Ihrem »Stapel«,

Wenn Sie zu den wenigen Ausgefuchsten gehören, die schon in der Schwangerschaft mit dem ersten Baby Stoffwindeln ins Auge fassen, gönnen Sie sich in den letzten Wochen vor der Geburt ruhig ausgiebiges Surfen im Internet und lassen Sie sich von den vielen wundervollen Windeln inspirieren. Falle: Geraten Sie noch nicht in einen Kaufrausch – selbst wenn Sie hundertprozentig sicher sind, dass Sie komplett stoffwickeln wollen, macht Ihnen Ihr Baby vielleicht einen Strich durch die Rechnung; dann ist das System, von dem sie gerade ein nigelnagelneues Komplettpaket für 350 Euro erstanden haben, einfach nicht das Richtige. Also: Klein anfangen, am besten mit einer oder zwei PUL-Überhosen mit doppelten Beinbündchen in einer kleinen Größe – die können Sie erstmal mit Mullwindeln und kleinen Waschlappen bestücken. Neugeborenen-Pipikacka ist mengenmäßig erstmal überschaubar und Sie müssen nicht gleich teure Spezialeinlagen aus vier verschiedenen Materialen auffahren.

Windeln für Winzlinge

Zum Stoffwickeln vom ersten Tag an wählen Sie am besten Windeln, die bei 90 Grad gewaschen werden können, sodass das Kindspech problemlos wieder ausgewaschen wird. Ein-Größen-Systeme passen Babys ganz zu Anfang häufig schlecht – wählen Sie deshalb ein Mehrgrößensystem – keine Angst vor den Kosten, denn Neugeborenenstoffwindeln lassen sich in der Regel gebraucht prima wieder verkaufen! Alternativ benutzen Sie die ersten drei Tage sogenannte Wöchnerinneneinlagen oder Flockwindeln. Die enthalten keinen Superabsorber und Sie können gut kontrollieren, ob Ihr Baby regelmäßig Pipi macht. Auch eine tolle Möglichkeit: Nutzen Sie einen Windelverleih für Neugeborenen-Windeln. Für schmales Geld bekommen Sie eine Ladung Mini-Windeln, die auch Winz-Pos perfekt passen.

Umsteigen – lohnt sich das noch?

Starten Sie später, können Sie nach Herzenslust in allen Systemen schwelgen – die meisten eignen sich für das erste und zweite Lebensjahr hervorragend. Wählen Sie einen Hersteller, der gute Garantieleistungen bietet. Die Windeln sollten bei 60 Grad mit normalem Waschmittel gewaschen werden können, ohne dass der Garantieanspruch verfällt. (Manche Hersteller erlauben eine maximale Waschtemperatur von 30 Grad.) Aber wie spät ist denn eigentlich zu spät? Vielleicht wickeln Sie ja auch schon ein oder zwei Jahre ganz unspektakulär mit Wegwerfwindeln, haben jetzt aber doch Lust bekommen auf Stoff und fragen sich: Lohnt sich das denn überhaupt noch? Ja, das lohnt sich auf jeden Fall noch: Toll sind beispielsweise sogenannte Trainer, die man auch schon bei ganz kleinen Babys benutzen kann. Trainer sind verstärkte Unterhosen, die ein einziges Geschäft aushalten, aber meistens auch nicht viel mehr. Wer sich also selbst ein bisschen auf die Finger klopfen will, möglichst häufig und zeitnah die Windel zu wechseln, ist mit Trainers in jedem Lebensalter gut bedient. Ergänzen könnte man diese Trainerhosen mit ein oder zwei schönen Nachtwindeln. Diese Anschaffungen machen sich schnell bezahlt, denn denken Sie daran, wie oft Sie sonst noch 25 Cent in die Mülltonne werfen.

Kita-Basisausstattung

Für viele Kinder beginnt nach dem ersten Geburtstag die Kitazeit, auch Übernachtungen bei Oma und Opa werden

Die Kita ins Boot holen

Vermeiden Sie den bedrohlichen Satz: »Mein Kind darf aber NUR mit Stoff gewickelt werden!« Strategisch besser: »Wir wickeln mit einem modernen Windelsystem. Es bedeutet für Sie keine Mehrarbeit.« Dann zaubern Sie eine tolle Stoffwindel und eine kleine Wetbag hervor. Sie werden sicher auf Neugier und Experimentierbereitschaft stoßen.

vielleicht häufiger – kurz: Die Zahl der Betreuungspersonen erhöht sich und nicht alle sind von Anfang an begeisterte Stoffwickler oder routiniert darin, zu erkennen, wann Ihr Kind abgehalten werden möchte. Bereiten Sie einfach Windeln vor, die nach dem Wegwerfdesign funktionieren und nur noch angezogen und mit Klettverschlüssen verschlossen werden. Das müssen keine All-in-Ones sein. Jede Windel, die sich vorbereiten lässt, eignet sich. Ein paar hübsche kleine und wasserabweisende Stoffbeutel, sogenannte Wetbags (Seite 49), dazu und fertig ist die Kita-Ausstattung.

Alle Stoffwindelsysteme im Überblick

Sprechen Sie Stoffwindelisch? Noch nicht? Dann wird es aber Zeit! Finden Sie heraus, was sich hinter kryptischen Abkürzungen wie AIO verbirgt, wie die unterschiedlichen Windeln aufgebaut sind und welche Vorteile jedes System hat.

Die Alles-in-einem-Windel (auch: AIO, All-in-One)

Was ist das? Feuchtigkeitsabweisende Außenhülle, fest verbunden mit dem Saugteil = Zwilling der Wegwerfwindel,

+ Handhabung ist idiotensicher,

− Teuer, weil man viele benötigt: Es muss nämlich immer die ganze Windel gewaschen werden.

Mein Tipp: AIOs mit ausklappbarem Saugteil trocknen viel schneller!

Für wen? Für Kita und Stoffwindelskeptiker.

Die Alles-in-Zweien-Windel (auch: AI2, All-in-Two)

Was ist das? Feuchtigkeitsabweisende Außenhülle mit einknöpfbarem Saugteil,

+ kann mit verschiedenen Saugeinlagen bestückt werden, beide Teile einzeln waschbar,

− Saugteil passt nur in die Überhose der gleichen Marke.

Mein Tipp: Gleich und gleich gesellt sich gern − sonst sucht man ständig nach der Einlage mit den passenden Knöpfen.

Für wen? Für Systemtreue.

Die Alles-in-Dreien-Windel (auch: AI3, All-in-Three)

Was ist das? Weiche Außenhülle mit PUL-Innentasche und Saugeinlage,

+ wenig Wäsche, sehr variabel, preisgünstig, wenige Überhosen reichen,

– etwas Vorwissen zu den besten Saugeinlagen nötig, um optimale Ergebnisse zu erzielen.

Mein Tipp: AI3-Windeln der Dresdener Architektin Stephanie Oppitz sind etwas teurer, aber eine Sünde wert (www.windelmanufaktur.de) ...

Für wen? Für Lustwickler.

Hybridwindel

Was ist das? Überhose, die entweder mit waschbaren oder mit Wegwerfeinlagen bestückt werden kann,

+ vereint die Vorteile von Wegwerf- und Stoffwindeln, spornt zu häufigem Wickeln an und

– hält nur mit Wegwerfeinlagen und weniger lange als mit Stoff.

Mein Tipp: Superabsorberfrei, kompostierbar und hautfreundlich sind reine Zellstoffeinlagen.

Für wen? Für Weltenbummler & Flexible.

Pocketwindel

Was ist das? Überhose mit taschenförmigem Einschubfach für Saugeinlagen,

+ Windelpaket kann fix und fertig vorbereitet »gestopft« werden, auch viele Einlagen übereinander verrutschen nicht,

– Stoff der Überhose bedeckt immer die Einlagen, deshalb muss die Überhose jedes Mal gewaschen werden.

Mein Tipp: AIOs oder AI3 sind meistens die komfortablere Lösung.

Für wen? Für Planer.

Überhose

Was ist das? Wasserabweisende Außenhülle, meistens aus PUL-Stoff oder für Öko-Traditionalisten: aus Schurwolle,

+ kann mit allen beliebigen Innenwindeln oder Einlagen kombiniert werden,

– eventuell nicht ideal für die Kita, weil die Innenwindel nicht vorbefestigt ist.

Mein Tipp: Überhosen mit etuiartigen Laschen zum Einschieben jeder beliebigen Einlage lassen aus jedem Stück Stoff eine Saugeinlage werden: hineinlegen, fertig, los!

Für wen? Für alle.

Mullwindel

(auch: Spucktuch, mit verstärkter Mitte auch Prefold oder Kalifornische Windel)

Was ist das? Saugfähiges, viereckiges Baumwolltuch,

+ Verwandlungskünstler: passt immer!

– Faltkenntnisse hilfreich (nicht bei Prefolds!).

Mein Tipp: Mit einer Überhose kombinieren!

Für wen? Für Sparfüchse.

Dass zum Zwecke Wasser fließe …

Um das Waschen von Stoffwindeln ranken sich viele Mythen. Besonders wichtig ist bei Stoffwindeln, dass sie wirklich richtig sauber werden – porentief rein. Sonst fangen sie nach einiger Zeit an zu müffeln oder machen sogar einen wunden Po. Und weil Sie in Ihrer ganz normalen Kleidung sicher selten bis nie Ihr Geschäft verrichten, machen sich Waschfehler nicht so stark bemerkbar. Aber alle Regeln für das Waschen von Windeln gelten natürlich im Grunde für die Wäsche aller anderen Textilien. Stoffwindeln müssen vor dem ersten Gebrauch 2-, 3-mal gewaschen werden – erst dann entfalten sie eine gute Saugwirkung.

Windeln richtig waschen

Benutzen Sie eine gute Stoffwindel, die auch mal bei 60 Grad gewaschen werden darf, ohne den Garantieanspruch zu verlieren. Das bedeutet: Nehmen Sie sich vor Herstellern in Acht, die eine Waschtemperatur von maximal 30 Grad erlauben. Sie sollten Ihre Windeln, wenn auch nicht bei jedem Waschgang, doch zumindest öfter mal auf höheren Temperaturen waschen um Hygiene zu gewährleisten.

Suchen Sie sich je nach persönlichen Vorlieben ein gutes Waschmittel aus. Das geht von Ökowaschmittel bis zu konventionellem Waschmittel aus dem Supermarktregal. Dosieren Sie das Waschmittel wie für weiches Wasser angegeben und benutzen Sie einen Enthärter auf Zeolithbasis. So einen Enthärter bekommen sie in jedem gut sortierten Drogeriemarkt. Aber auch ein konventioneller Wäscheenthärter ist natürlich möglich. Es kursieren viele Anleitung für selbstgemachtes Waschmittel im Internet, falls Sie ein DIY-(do it yourself)Produkt in Angriff nehmen wollen, achten Sie besonders auf die Zugabe von ausreichend Enthärter.

Wasserhärte. In Deutschland gibt es sehr viele Gegenden mit hartem und mittelhartem Wasser, falls Sie also nicht genau wissen, welchen Härtegrad Ihr Wasser vor Ort hat, können auf vielen Internetseiten, wie beispielsweise www.wasserhärte-deutschland. de, schnell und einfach den ungefähren Wert ermitteln. Bei sehr weichem Wasser geben Sie einfach einen kleinen Teelöffel Soda mit zur Wäsche, um wirklich alle umherschwirrenden Ionen einzufangen, und die Wäsche butterweich und gepflegt aus der Maschine zu holen, Enthärter ist dann nicht mehr zusätzlich nötig.

Enzymhaltiges Waschmittel. Häufig hört man auch, dass man Stoffwindeln nicht mit enzymhaltigem Waschmittel waschen sollte. Das gilt aber vor allem für Stoffwindeln aus Viskose, die vielfach immer noch unter »Bambus« vermarktet werden. Aber auch hier müssen Sie keine Angst haben, denn auch wenn die Abnutzung höher ist als bei enzymfreien Waschmitteln, werden Ihre Windeln nicht gleich auseinanderfallen, wenn mal ein Enzym an ihnen vorbeischwimmt. Falls Sie also Viskosewindeln bzw. »Bambus«-Windeln benutzen und in der Regel bei 30 Grad waschen, ist es klug, ein Waschmittel ohne das Enzym »Cellulase« zu benutzen. Sonst ist die Lebensdauer Ihrer Windeln begrenzt.

Stefanie Leiner, Diplom-Chemikerin und Stoffwindelmama

Richtig gründlich waschen ist wichtig!

❯❯ *»Eine Prise Feenstaub macht Ihre Windeln nicht sauber. Einer der häufigsten Fehler: Eine zu kleine Menge Waschmittel bzw. waschaktive Substanz. Waschmittel sollten unbedingt nach Packungsangabe dosiert werden. Wenn Sie dann noch die Wasserhärte beachten, werden Sie mit frühlingsfrischen Windeln belohnt.«* ❮

Stinknormales Waschpulver tut's auch

Wenn Sie zu viel Angst vor komplizierten Waschroutinen bekommen, denken Sie einfach an Oma Gertrud – die hat Ihre Baumwollwindeln viele Jahre lang nur mit stinknormalem Waschpulver gewaschen, und sie sind heute noch wunderbar in Schuss.

Oma Gertruds Trick: hohe Temperaturen. Jedes Enzym stirbt ab 60 Grad ohnehin einen schnellen, schmerzlosen Tod. Bei Baumwollwindeln sind hohe Temperaturen natürlich kein Problem. Und gegen die fiesen Kalkablagerungen, die die Windel wenig saugfähig und bretthart machen: heiß bügeln. Heiß waschen können Sie gerne, Baumwolle auch kochen, aber das müssen Sie ja nicht im Wecktopf tun, sondern dürfen getrost Ihre Waschmaschine benutzen. Und das Bügeln sparen Sie sich eben einfach durch den Enthärter. Achtung: Schütten Sie zum Enthärten bloß keinen Essig, keine Zitronensäure oder Milchsäure zu Ihrer Wäsche. Das hilft gegen Kalk, aber nicht gegen die Kalkseifen auf Ihrer Wäsche. Außerdem macht Essig die Gummidichtungen in Ihrer Maschine kaputt – und die Garantie der meisten Windeln und Waschmaschinen erlischt durch die Benutzung von Essig.

Weg mit dem Dreck!

Nun wissen Sie, wie eine gute Waschroutine aussieht, aber was ist, wenn die Windel bereits riecht – und zwar nicht nach Rosen? Sie haben Ihre Windeln in gutem Glauben eine Zeit lang kalt mit Kernseife gewaschen und nun ent-

wickeln die guten Stücke einen Duft, der stark an damals erinnert, als Sie elf Jahre alt waren und mal eine ganze Woche lang den Hasenstall nicht sauber gemacht hatten. Oder an den Ausflug auf den Fischmarkt, vorbei an den frischen Aalen und Makrelen zur Abfalltonne mit Flossen und Innereien hinter den Buden. Alles in allem jedenfalls kein schöner Geruch.

Die Antwort ist so schlicht wie ergreifend: Windeln, die stinken, sind Windeln, die nicht richtig sauber sind. Dann heißt es: Weg mit dem Dreck – Sie müssen die Windeln »strippen«. Also von allem befreien, was nicht an oder in die Windel gehört und das möglichst schonend, ohne die Windel zu sehr zu strapazieren. Wenn Sie also einen unangenehmen Geruch bemerken, verfahren Sie als Erste-Hilfe-Maßnahme erstmal nach dem Grundprinzip: höchste erlaubte Temperatur, Waschmittelmenge nach Packungsangabe und großzügig Enthärter in jeden Spülgang.

Sodakur für Stinkewindeln

Wenn die Windeln danach immer noch miefen und müffeln, müssen Sie härtere Bandagen auffahren und eine so-

Wie krieg ich den Kack aus der Windel?

Schmierigen Stuhl mit dem Löffel aus der Windel kratzen ist nicht besonders sexy und – kann umgangen werden! Muttermilchstuhl wandert direkt in die Maschine, darum müssen Sie sich nicht groß kümmern. Später können Sie ein dünnes Wegwerftüchlein, ein sogenanntes Windelvlies benutzen, das sie samt großem Geschäft im Restmüll entsorgen können. Mein Tipp: Werfen Sie es lieber nicht in die Toilette. So ein Vlies hält mehrere Wäschen aus und zersetzt sich kaum, so ähnlich wie Fertig-Feuchttücher kommen Sie sonst bald ungewollt zu einer großen Klempnerrechnung.

Mein persönlicher Liebling: Ein Diapersprayer auch unter dem Namen »Bidetbrause« erhältlich. Den kann man direkt mit Schlauch und Wasserschutzventil an der Toilette installieren und ohne Stuhlkontakt einfach die groben Bestandteile Richtung Toilette spülen, wo sie ja rein entsorgungstechnisch auch hingehören.

genannte »Sodakur« kommt infrage. Geben Sie dazu in das Waschmittelfach drei Esslöffel Waschsoda (kein Hausnatron!) stellen Sie die Maschine wie gewohnt an und stoppen Sie das Programm nach etwa der Hälfte des Waschzyklus. Lassen sie die Wäsche in der Maschine drei Stunden stehen. Dann das Programm ganz normal zu Ende laufen lassen. Diese Methode entfernt Ablagerungen von Kalkseifen in der Regel problemlos, sollte aber ein Notfallprogramm bleiben und nicht zur Gewohnheit werden.

Riechen Ihre Windeln plötzlich beißend und stechend? Wie eine Mischung aus der Pipi-Ecke hinterm Bahnhof und Salmiakgeist? Dann riechen sie Ammoniak bzw. sein Umbauprodukt Ammonium. Richtig fies ist das: greift den Po an, macht häufig krebsrote Stellen und Ausschlag. Die Lösung: mit reichlich Wasser immer wieder spülen, denn so gemein Ammonium auch sein mag, die Salze sind wasserlöslich.

Haben Sie die Windel mit Fett in Berührung kommen lassen, beispielsweise in

Form von Cremes und Lotionen? Dann hilft es, die Windel in heißem Wasser mit einem großzügigen Schuss Spüli einzulegen, denn Spülmittel ist oft ein wahrer Fett-weg-Zauberer.

Kleine Materialkunde

So süß und individuell ist keine Wegwerfwindel! Ob passend zum Hängekleidchen oder in Papas Lieblingsfarbe: Wenn aus lästigem Windelwechsel Wickel-Liebe wird!

Ob Tragekind, kleiner Langschläfer, Vielpiesler oder Biofamilien-Baby: Im Material liegt die Kraft – denn jedes Windelsystem gibt es wiederum aus unterschiedlichen Materialien, oder Sie können mit zusätzlichen Einlagen aus Hanf, Baumwolle oder Mikrofaser Ihre Stoffwindeln noch pimpen – nachts für mehr Saugkraft mit Viskose oder tagsüber beim Tragen mit Hanf. Für eine extra trockene Haut experimentieren Sie am besten mit Fleece- oder Microfasereinlagen – die kann man sich auch selbst zurechtschnippeln, Nähmaschine unnötig.

Baumwolle: der Allrounder

Was ist das?

- eine Naturfaser, die aus den Samenhaaren der Baumwollpflanze gewonnen wird
- wird verwendet für Saugeinlage, Überbekleidung, Außenhülle der AI3 und/oder Beinbündchen
- + weich, saugfähig, preiswert
- - häufig stark durch Bleiche und Pestizide belastet

Mein Tipp: Auf das Öko-Tex-100-Siegel achten.

Für wen? Für alle.

Hanf: der Superabsorber aus dem Bioladen

Was ist das?

- eine Naturfaser aus dem Bast der Nutzhanfpflanze
- wird verwendet für die Saugeinlage
- + Weltmeister im Feuchtigkeit festhalten, antibakteriell, äußerst robust und durch die poröse Struktur außergewöhnlich atmungsaktiv und temperaturausgleichend
- - saugt langsam, eher teuer

Mein Tipp: In Kombination mit einer dünnen Fleece-Einlage unschlagbar.

Für wen? Für lange Nächte und Autofahrten, Reisen, Traglinge.

Viskose: der Schwamm

Was ist das?

- eine »natürliche« Kunstfaser aus Zellstoff in einem chemischen Verfahren zu Fasern geformt
- wird verwendet für die Saugeinlage
- + sehr saugfähig, aus nachwachsendem Rohstoff
- - gibt Feuchtigkeit auf Druck leichter wieder ab als Hanf, Herstellungsprozess sehr umweltbelastend

Mein Tipp: Lassen Sie sich nicht veralbern: Bambuswindeln sind identisch mit Viskosewindeln! Da Viskose heute meist in Fernost produziert wird, wird der chemisch aufgebrochene Zellstoff aus Bambus gewonnen, positive Materialeigenschaften des Bambus gehen aber im Herstellungsprozess verloren. Es macht keinen Unterschied, welche Pflanze Zellstofflieferant für die Viskose war.

Für wen? Für kleine Langschläfer.

PUL (»Polyurethan-Laminat«): das Wunderkind

Was ist das?

- eine dünne Schicht aus Spezialkunststoff, meistens in Kombination mit Polyester
- wird verwendet für die Außenwindel
- + atmungsaktiv, wasserabweisend, in guter Qualität kochfest
- - kein Naturprodukt, aber hippe Naturfaser-Junkies werden bei www.windelmanufaktur.de fündig

Mein Tipp: DIE Geheimzutat der modernen Stoffwindel – tschüss Windelstress!

Für wen? Für Stil-Ikonen.

Mikrofaser: die Oberflächliche

Was ist das?

- Kunstfasern, meistens aus Polyester, die über 100-mal feiner sind als ein menschliches Haar
- wird verwendet für die Saugeinlage
- + leitet Feuchtigkeit blitzschnell ab und hält oberflächlich supertrocken
- - gibt Feuchtigkeit sehr schnell wieder ab, deshalb alleine ungeeignet, kann bei sehr trockner Haut zusätzlich austrocknen

Mein Tipp: Als Liner ein großer Hit: dünne Mikrofasereinlage zwischen Babypo und Windel legen – und der Po bleibt trocken.

Für wen? Für Trockenheitsfans.

Klettverschluss oder Druckknopf?

Die meisten dieser schönen Systeme erhalten Sie alternativ mit Klettverschluss oder mit kleinen Kunststoff-Druckknöpfen, sogenannten Snaps. Klett erinnert sehr an Wegwerfwindeln, blitzschnell anzulegen und stufenlos größenverstellbar. Allerdings halten auch hochwertige Klettverschlüsse nur mehr als ein Kind durch, wenn Sie penibel vor jedem Waschen die Häkchenseite aufkletten, indem Sie den rauen Teil so auf den weichen Teil legen, dass die Häkchen vollständig abgedeckt sind – sonst ist die Freude schon nach ein oder zwei Wäschen dahin. Falls Sie sich für Klett entscheiden, meiden die Billigwindeln wie der Teufel das Weihwasser, sonst können Sie gar nicht so schnell »Pipikacka« sagen, wie die Windel hinüber ist. Druckknöpfe sind ein wenig heikler in der Größenanpassung, halten aber locker viele Jahre und lassen sich dann noch zu einem vernünftigen Preis gebraucht weiterverkaufen.

Eine gute Passform

Kleiner Po, großer Po, runder Po, Speckbäuchlein, schmale Beinchen, Knubbelbeinchen: Kein Kind ist gleich! Zum Glück. Deshalb kann auch eine Stoffwindel, die dem Baby Ihrer Freundin perfekt passt, bei Ihrem kleinen Liebling unschöne Abdrücke machen. Oder auslaufen.

Trotzdem gibt es ein paar Faustregeln:

1. Je stärker vorstrukturiert eine Windel ist, desto geringer die Anpassungsmöglichkeiten. Wenn Sie eine praktische Alles-in-Einem-Windel haben, ist die einzige Verstellmöglichkeit häufig der vordere Verschluss und die Höhe des Bauchpanels. Aber schauen Sie mal von innen in die Beinausschnitte: Bei einigen Windeln befinden sich dort noch winzige Schieber oder Knöpfchen, die die Weite der Beinbündchen variieren können. Unschlagbar, was die Passform betrifft, sind Mullwindeln: Die sogenannte Origami-Faltung ist ein Hit für Neugeborene und entgegen des kompliziert klingenden Namens in zwei Handgriffen erledigt.

2. Je mehr Größen eine Windel abdecken muss, desto weniger gut passt sie besonders kleinen oder großen Kindern. Klar, dass eine Windel, die von der Geburt mit 3 500 g bis zum dritten Geburtstag mit 20 kg passen soll und dann noch mit einem Handgriff zu schließen ist, nicht an allen Popos gleich gut passt. Passform ist aber wichtig für den Auslaufschutz. Wenn eine Windel schlabbert oder auch viel zu eng sitzt, wird es schnell nass.

3. Auf die Beinbündchen achten. Doppelt hält besser – das gilt auch für Bündchen. Wenn Sie mit Innenwindel plus Überhose wickeln, haben Sie ja automatisch zwei Bündchen. Bei einem Überhose-plus-Einlage-System sollte die Überhose gern ein doppeltes Beinbündchen haben. Ihr Baby ist erst ein gutes halbes Jahr alt und die Beinbündchen passen nur noch knapp? Macht nichts! Wichtig ist nur, dass Sie überhaupt noch passen, denn der Oberschenkeldurchmesser wird sich dann über lange Zeit nicht mehr stark verändern. Auch Schlupfhosen, z. B. von Huda, mit weich anliegenden, extrabreiten Bündchen sind supersaugsicher.

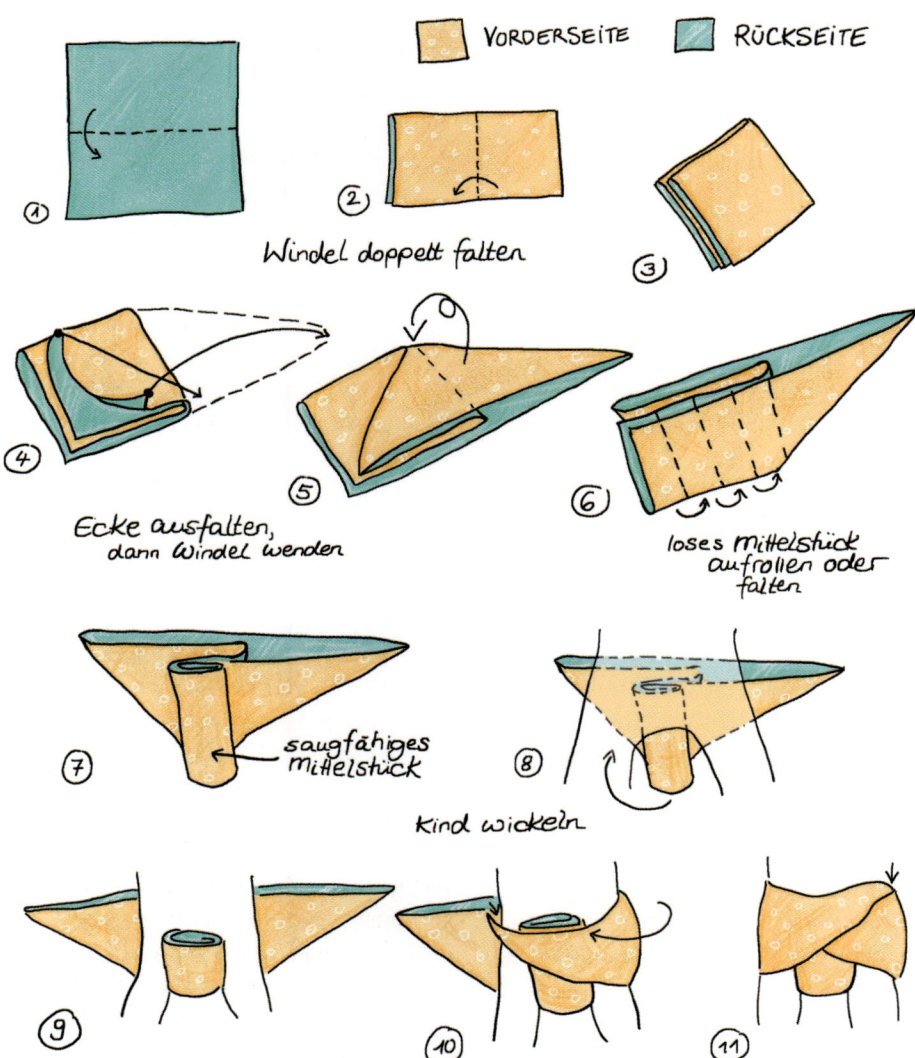

VORDERSEITE   RÜCKSEITE

① ②
Windel doppelt falten
③

④ Ecke ausfalten, dann Windel wenden

⑤

⑥ loses Mittelstück aufrollen oder falten

⑦ saugfähiges Mittelstück

⑧ Kind wickeln

⑨ ⑩ ⑪

4. Achtung, Dochteffekt! Wie der Docht das geschmolzene Wachs in die Kerzenflamme zieht, leitet jedes Stück Textil, das vom Saugteil aus der Windel herausschaut, Flüssigkeit nach außen. Das will man nicht, deshalb fahren Sie am besten nach dem Anlegen der Windeln einmal mit den Zeigefindern rund um die Beinausschnitte und kontrollieren, dass alles dort ist, wo es hingehört: Also innen!

5. Richtige Passform durch richtiges Anziehen. Wer Wegwerfwindeln gewohnt ist, muss sich vielleicht erst ein wenig umgewöhnen, denn während eine Wegwerfwindel hinten bis über den Rücken des Babys reicht, sitzt eine Stoffwindel tiefer. Als Anhaltspunkt dient der Bauchnabel, der in der Regel nicht von der Windel bedeckt sein sollte. Keine Angst: Den Stillstuhl, der sonst gern mal den ganzen Babyrücken hinaufkriecht, um das gesamte Outfit zu ruinieren, wird in Stoffwindeln z. B. viel zuverlässiger gehalten. Vorne sitzt die Windel so, dass die Beinchen frei beweglich bleiben und der Rand der Windel in der Falte sitzt, wo das Bein an den Beckenbereich des Babys anschließt, ähnlich wie eine normale Unterhose.

Große Kinder

Wenn die Windeln von der Stange nicht mehr passen, fragt man sich vielleicht: Sollte mein Kind denn gar keine Windeln mehr haben, wenn es keine mehr in der richtigen Größe gibt? Bei Wegwerfwindeln ist diese Frage hypothetisch, denn die gibt es eben in allen Größen, quasi von der Wiege bis zur Bahre. Allerdings lohnt sich so ein Massenprodukt eben nur, wenn genug Mainstream-Popos hineinpassen und vor allem hineinmachen. Deshalb haben Eltern großer Kinder häufig das Problem, dass bei bestimmten Proportionen, die nun einmal nicht bei jedem Kind gleich sind, die Windeln ständig auslaufen. Bei Kindern, die auch im Babyalter schon deutlich anders proportioniert sind als der quadratisch, praktisch, gute Bundesdurchschnitt, kann die Passform schnell und früh zum Problem werden.

Stoffwindeln sind für besonders große Kinder oder Kinder, die spät oder vielleicht aufgrund von Entwicklungsverzögerungen nie trocken werden, manchmal eine gute Wahl wegen des guten Auslaufschutzes. Eltern berichten, dass eine Kombination aus Hanf mit einer PUL-Schlupfhose, einer Schafwollüberhose oder einer maßgefertigten Druckknopfhöschenwindel Ihnen und Ihrem Kind ruhigere und trockenere Nächte beschert.

Auch bei einigen genetisch bedingten Veränderungen sind gängige Windelmodelle aufgrund anatomischer oder anderer praktischer Erwägungen nicht immer optimal geeignet – gibt es Abweichungen, landen Eltern häufig bei Stoffwindeln, denn die kann man sich zu moderaten Preisen sogar maßanfertigen lassen.

Zwillinge und Stoffwindeln

Stoffwindelnde Zwillingsmamas hören besonders häufig die Frage: Wieso benutzt du denn Stoff? Die richtige blöde Antwort auf so eine blöde Frage: Weil ich es kann! Und in dieser Antwort, so flapsig sie auch erscheinen mag, liegt tatsächlich des Pudels Kern, denn ein paar Dinge gilt es beim dynamischen Baby-Duo (oder -Trio?) tatsächlich zu beachten, wenn die Stoffwindel-Experience für alle Seiten komfortabel bleiben soll. Zwillinge sind häufig nicht gleich groß – möchte man also mit Stoffwindeln wickeln, bietet sich ein variables System an, das gute Größenverstellbar-

keit garantiert. Bei Zwillingseltern ist natürlich jede Zeit- und Arbeitsersparnis besonders gern gesehen und lässt (fast) alles andere in den Hintergrund treten. Deshalb wählen viele Familien mit Zwillingen oder auch Kindern mit einem geringen Altersabstand Alles-in-einem-Windeln (AIO) aus einem Ein-Größen-System.

Schlau mit Wegwerfwindeln wickeln

Doch keine Lust auf Stoff bekommen? Macht nichts! Schlau mit Wegwerfwindeln wickeln geht natürlich auch. Tipp 1: Wickeln Sie häufig! Auch wenn die Wegwerfwindel lange dicht hält, wechseln Sie die Windel so oft es geht, möglichst nach jedem Pipi oder Kacka. So haben Sie für das Sauberwerden schon einen ähnlich guten Effekt wie bei Stoffwindeln.

Vermeiden Sie Windeln, die mit Lotionen behandelt sind

Die teuersten Markenwindeln sind bereits mit den Stoffen Paraffinium liquidum und petrolatum vorbehandelt: Zwei Stoffe, die als gesundheitlich nicht empfehlenswert eingestuft sind, weil sie aus Erdöl bestehen und sich im Körper anreichern, die Hautporen verschließen und die Atmung der Haut beeinträchtigen können. Petrolatum gilt darüber hinaus unter bestimmten Bedingungen als krebserregend, in Kosmetikprodukten kann es deshalb nur per Ausnahmegenehmigung zugelassen werden. Das ist doch wirklich nichts, was wir uns auf Babys Haut wünschen, oder?

Also: Finger weg von Lotionswindeln! Damit ist die Auswahl in Deutschland fast automatisch auf Öko-Windeln oder Windeln aus dem Discounter begrenzt – die verschonen uns zwar schon von vornherein mit schmierigem Erdöl-Gelee, dafür vertragen einige Babys sie weniger gut. Denn die »Lotion« legt sich zwar wie ein Schutzfilm auf die Haut, verstopft aber auch die Poren und verhindert Hautatmung und auf die Dauer sogar natürliche Regeneration.

Suchen Sie nach guten Bio-Windeln

Eine tolle Alternative sind Bio-Wegwerfwindeln, die eine verhältnismäßig gute Ökobilanz haben und natürlich keine Lotionen enthalten. Aber Achtung: Die »Öko«-Windeln aus dem Supermarktregal sind meist keine, das FSC-Zeichen heißt nur, dass irgendwo in der Windel Zellstoff verwendet wurde, nicht wie viel. Gern wird auch mit Siegeln wie 100 Prozent biologisch abbaubar geworben, nur damit wir dann im Kleingedruckten lesen können, das lediglich die Einschweißfolie abbaubar ist, nicht die Windeln selbst, aber in sehr gut sortierten Apotheken, online oder im Biosupermarkt finden Sie manchmal kleine Labels aus Deutschland oder Norwegen, die tatsächlich mit viel Zellstoff und wenig Superabsorber punkten.

Probieren Sie ein Hybridsystem

Viele Stoffwindelfirmen bieten inzwischen auch waschbare Überhosen an, die man mit Wegwerfeinlagen mit oder ohne Superabsorber befüllen kann. So können die jeweiligen Vorteile von Stoff- und Wegwerfwindeln schlau kombiniert werden. Achtung, diese »Hybriden«, besonders die ohne Superabsorber, haben trotzdem nicht das Druckhaltevermögen einer Wegwerfwindel, sind aber praktisch für zwischendurch oder als Einstiegsdroge für Stoffieskeptiker.

Ausgewickelt – trocken werden

Die Windelzeit geht vorbei, die Windeln ziehen aus –
aber wie erkennen Sie den richtigen Zeitpunkt und –
kann man den auch verpassen?

Was heißt eigentlich sauber und trocken?

»Jetzt geht nochmal jeder aufs Klo, und dann reiten wir los!«
Santa Maria, in: Der Schuh des Manitu (Kinofilm, 2001)

Sauber und trocken – an der Definition dieser Begriffe scheiden sich die Geister. Die eine Version: Trocken sein, bedeutet, kein Pipi mehr in die Windel zu machen. Sauber sein bedeutet, kein großes Geschäft mehr in die Windel zu machen. Die andere Version: Trocken sein bedeutet, dass man Bescheid sagen kann, wenn man muss. Sauber sein dagegen, dass man allein auf die Toilette oder aufs Töpfchen gehen kann. Und wann muss das spätestens klappen? Und wer bestimmt das eigentlich?

Hier bei uns bestimmt offiziell die sogenannte ICD, was normal ist und was Krankheitswert hat. ICD steht für »Internationale statistische Klassifikation der Krankheiten und verwandter Gesundheitsprobleme«. Jeder Arzt, der über eine gesetzliche Krankenkasse abrechnet, muss diese Diagnosevorgaben und Definitionen nutzen. Das Wort »international« im Namen der ICD bedeutet, dass mit einem breiten Blick auf sehr verschiedene Kulturen Empfehlungen gegeben werden, wie man »normal« von »krank« unterscheiden kann. Und Ärzte sind auf Krankheiten spezialisiert. Wann geht man also auf alle Fälle lieber zum Arzt? Zwei Regeln: Immer, wenn Sie oder Ihr Kind sich unwohl fühlen und Sie einfach denken »Jetzt ist ein Experte dran, wir brauchen Hilfe«.

Diese Kriterien und die Einordnung von »normal« und »nicht normal« hinken und nur, weil ein Kind nicht den Vorgaben der gängigen Definition entspricht, ist es nicht gleich krank. Aber zäumen wir das Pferd mal von hinten auf: Ein gesundes Kind hat ohne Weiteres die körperlichen Voraussetzungen, ab zwei oder drei selbstständig auf die Toilette zu gehen.

Ich helfe meinem Kind beim Trockenwerden

Ihr Kind ist nun also fast drei Jahre alt und Sie haben überhaupt keine Lust mehr, darauf zu vertrauen, dass »sich das Problem schon von ganz alleine erledigt«? Und die gleichen Leute, die Ihnen vorher – Hand aufs Herz – versichert haben, dass sie mit übertriebenem Einmischen, Stoffwindeln oder gar windelfrei vielfältige Schäden an der zarten Kinderseele hinterlassen könnten, werfen inzwischen mit angsteinflößenden Wörtern wie »psychische Störung« und »Enuresis« um sich? (Auf Latein klingt ins Bett pischen nämlich noch mindestens 3-mal schlimmer.) Dann trauen Sie sich und helfen Sie Ihrem Kind spätestens jetzt liebevoll beim Trockenwerden!

Wann Sie besser zum Arzt sollten

In jedem Fall fachlichen Rat holen sollten Sie sich auch, wenn Ihr Kind nach dem fünften Geburtstag über einen Zeitraum von mindestens sechs Monaten noch mehr als einmal die Woche Pipi in die Hose, die Windel oder andere nicht unbedingt dafür vorgesehene Orte macht. Spätestens wenn das große Geschäft nach dem vierten Geburtstag noch mehr als einmal im Monat danebengeht, gehen Sie bitte auch unbedingt zu einem Facharzt, der sicherstellt, dass alles soweit im grünen Bereich liegt.

»Nervt mich nicht!« – Shitstorm-Munition

Heute sind wir sehr unsicher, was die »richtige« oder »falsche« Sauberkeitserziehung unserer Kinder betrifft. Da ärgern blöde Besserwissersprüche besonders. Hier die Top Five der nervigsten Pipikacka-Sprüche und die passende Antwort:

»Vor dem zweiten Geburtstag soll man die Windel gar nicht abmachen – sagt auch mein Kinderarzt!«
- Konfrontationskurs: Zwei Jahre nicht die Windel wechseln? Und das von einem Arzt, also, naja.
- Beschwichtigungsstrategie: Damit meint dein Arzt sicher sogenanntes »Toilettentraining«, und das praktizieren wir gar nicht.

»Siehst du, weil du bei deinem Kind zu früh die Windel weggelassen hast, hat es jetzt noch so viele Unfälle.«
- Konfrontationskurs: Wow, ich denke du hast recht, und alle Kinder sollten bis zum Schulabschluss gewickelt werden. Dann müssen sie in einer Klassenarbeit auch nicht wertvolle Zeit mit dem Toilettengang verschwenden.

- Beschwichtigungsstrategie: Keine Sorge, das macht uns nichts aus. Macht es dir etwas aus?

»Unsere Kleine hat immer ein Bonbon bekommen, wenn sie Pipi ins Töpfchen gemacht hat.«
- Konfrontationskurs: Habt ihr Ihr auch ein Bonbon gegeben, wenn sie ihre Zähne selbst geputzt hat?
- Beschwichtigungsstrategie: Das hat für euch sicher gut funktioniert, wir haben da aber einen anderen Erziehungsstil.

»Deine Stoffwindeln sind gar nicht umweltfreundlicher als Wegwerfwindeln!«
- Konfrontationskurs: Genau, und deshalb fangen wir jetzt am besten auch alle an, Einwegunterwäsche zu tragen …
- Beschwichtigungsstrategie: Sicher hängt die Ökobilanz von vielen Faktoren ab, aber unser System ist sehr nachhaltig und auch sehr gesund für den Babypo.

»Du musst ja viel Freizeit haben, wenn du Stoffwindeln benutzt oder dein Baby ohne Windel die ganze Zeit bewachen kannst.«

- Konfrontationskurs: Nee, das macht sowieso alles mein Mann; ich muss schließlich Prosecco trinken und Schuhe shoppen.

- Beschwichtigungsstrategie: Das könnte man meinen, nicht wahr? Tatsächlich ist es aber gar kein Mehraufwand. Im Gegenteil.

....

Christina Baris, 31, Ärztin, Windelfrei-Mama und Bloggerin

Babys können sich mitteilen

>> *Es ist ein medizinisches Ammenmärchen, dass Blase und Darm quasi wie eine Blackbox im Unterleib der Babys sitzen. Unsere Kleinsten kommen kompetent auf die Welt; sie spüren und fühlen ihre Körpervorgänge. Auch können sie sich von Anfang an mitteilen – wir müssen nur genau hinhören und sie beim Sauberbleiben begleiten! Irgendwann hören viele zwar auf, sich zu beschweren, sie hören auf, zu weinen und zu nörgeln oder unruhig zu werden, wenn sie müssen. Das heißt nicht, dass sie es super finden, nah am Körper ihr Geschäft verrichten zu müssen. Ich blogge über natürliche Sauberkeit und den Alltag mit Baby und Töpfchen (windelfrei.blog.de).* <<

....

Mythos: physiologische Blasen- und Darmreife

Der Mensch kann wunderbare Dinge, aber vor allem kann der Mensch eines: sich anpassen. Von den Savannen Afrikas bis ins ewige Eis des Nordens. Von der Gebirgslandschaft aus Felsen und Stein bis zum dichtesten Tropendschungel – ohne unsere bedingungslose Anpassbarkeit, unsere Flexibilität in fast allen Situationen, unsere Resilienz gegen Unglück und Widerstände – ohne diese Qualitäten wäre der *Homo sapiens* niemals zum Erfolgsmodell geworden. Wegen dieser besonderen menschlichen Fähigkeit zur Anpassung sind unsere Kinder in der Lage, die Windel als Ort für ihre Ausscheidungen zu akzeptieren, diesen Ort anzunehmen und zu verinnerlichen. Und zwar in der Regel ganz ohne irgendeinen Schaden daran zu nehmen.

Trotzdem ist die Windel deswegen nicht der einzig mögliche Ort, wo ein Baby sein Geschäft verrichtet darf, noch ist sie gar notwendig, um schwerwiegende Entwicklungsstörungen zu verhindern. Heute bestätigen die meisten Ärzte, allen voran Gallionsfiguren wie Herbert Renz-Polster und Remo Largo, dass es die physiologische Töpfchenreife so gar nicht gibt.

Ein Baby zeigt ab Geburt an, wann es mal muss

Zunächst findet das Geschäft in sehr kurzen Abständen statt und wird mit wenig Vorlaufzeit angekündigt. »Erst« mit einem Jahr hat ein Kind dann motorisch die Möglichkeit, sich selbstständig zu einem Ort zu bewegen, um dort sein Geschäft zu verrichten. Das bedeutet in Kulturen, wo es für Kleinkinder in Ordnung ist, auf den Boden zu machen: Töpfchenreife! Weil in westlichen Ländern aber alles etwas anders strukturiert ist: ausziehen, Po abwischen, anziehen, weit entfernte Badezimmer – um

nur einige Hürden zu nennen –, liegt das ungefähre Alter des selbstständigen Klogangs eher bei zwei Jahren. Dann wird das Töpfchen gut gemeistert.

Wir merken uns also:
- Physiologisch spüren gesunde Menschen ab Geburt, dass sie sich bald entleeren müssen.
- Je älter sie werden, desto früher können sie es ansagen.
- Je älter sie werden, desto länger können Sie das Bedürfnis hinauszögern.
- Je älter sie werden, desto größer werden die Zeitabstände.
- Keiner soll sein Kind windelfrei herumlaufen lassen, wenn sich das stressig anfühlt. Aber man darf, wenn man möchte. Teilzeit, Vollzeit oder einmal pro Woche. So wie es eben passt!

Nur befriedigte Bedürfnisse verschwinden endgültig. Witzig auch, dass anscheinend einige Menschen Angst haben, dass durch »zu viel Kümmern« eine krankhafte Fixierung auf das Baby zustande kommen könnte. Dabei weiß man heutzutage, dass viel Kümmern in den ersten drei Jahren, besonders selbstständige Kinder bringt! Denn: Nur befriedigte Bedürfnisse verschwinden endgültig. Nur unbefriedigte kommen später in Neurosenform wieder. Die Behauptung, dass Kinder ihren Harn- und Stuhldrang bis zu einem gewissen Zeitpunkt nicht spüren können, ist übrigens ähnlich bescheuert, wie die irrige Annahme, die bis in die achtziger Jahre medizinisch Gültigkeit hatte, dass Früh- und Neugeborene keinen Schmerz fühlen können. Liebe Leute …

Vom Töpfchentraining zur Töpfchenkommunikation

»Houston, wir haben kein Problem«: Die richtige Kommunikation macht Dressurmaßnahmen überflüssig – tschüss Hosenklo, hallo Töpfchen!

Eliminationskommunikation … hä? Was soll das denn nun schon wieder sein? Ganz einfach: Das Wortungeheuer setzt sich zusammen aus den Worten Elimination – Ausscheidung – und Kommunikation – Informationsaustausch. Informationsaustausch über Ausscheidungen also. Und das ist nichts anderes, als Sie in diesem Buch schon bei den kleinen Kindern in China und Afrika kennengelernt haben: Wenn Sie wahrnehmen, dass Ihr Kind mal muss, dann geben Sie ihm die Gelegenheit, sein Geschäft zu verrichten. Ganz einfach. Und egal wie alt Ihr Kind ist. Beobachten Sie Ihr Kind einfach mal eine Weile nackt. Nehmen Sie wahr,

wie es sich kurz vorm Pipikacka-Machen verhält. Spannend!

Wir wissen ja, dass es Babys, genau wie alle anderen Säugetiere, wenn möglich vermeiden, dahin zu machen, wo Sie liegen oder kuscheln. Bevor sie also sich selbst oder Ihre Mamas vorsätzlich »anscheißen« zeigen sie normalerweise eine größere oder kleinere Irritation.

So verschieden die Babys, so verschieden die Signale, beispielsweise zwischen Pipi und Kacka, Schlaf und wach:

- mit den Beinen strampeln
- plötzliches Nörgeln
- an- und abdocken beim Stillen

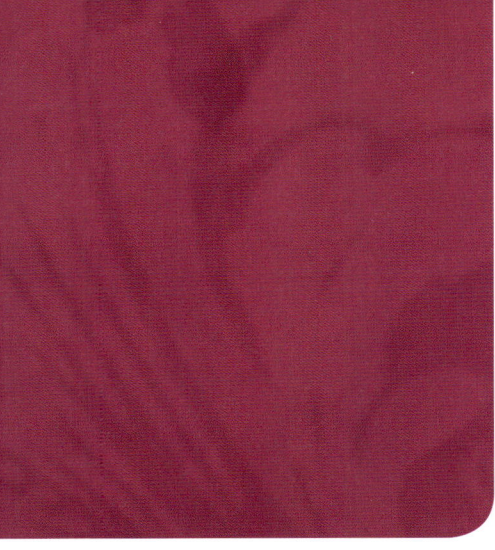

Beliebt: »Pffffffffffffffff.«
»Schschschschschschsch.« Oder
»Pssssssssssssssss.«

Manche Eltern pusten auch sanft auf
den Babykopf oder streicheln zart Babys Wange. Und: Ganz egal, wie alt Ihr
Kind ist, reden Sie über das, was da gerade passiert. Ein bisschen Pawlow ist
das schon, aber da diese Konditionierung weder mit Belohnung noch mit
Bestrafung arbeitet, sondern lediglich
mit Begleitung, durchaus legitim.

Wenn Sie die Idee bekommen, dass ein
kleines oder großes Geschäft im Busch
sein könnte, dürfen Sie Ihr Baby über
ein Töpfchen, die Toilette oder eine andere geeignete Stelle halten. Oma nennt
das »Abhalten«.

- schwereres Atmen
- grunzen
- sich plötzlich ganz still verhalten
- sich zurückziehen
- wässrige Augen/ein rotes Gesicht
  bekommen
- Sie haben einfach im Gefühl, dass es
  soweit ist.

Auf Signale reagieren

Wenn Sie dann beobachten können,
wie Ihr Baby Pipi oder Kacka macht,
dürfen Sie es natürlich dabei unterstützen. Das geht unkompliziert mit einem
kleinen Geräusch oder einem Wort.

Babys »abhalten«

Stressen Sie sich nicht damit, irgend-
welche Signale erkennen zu müssen,
das ergibt sich ganz von alleine, wenn
Sie ganz locker die Antennen ausgefah-
ren halten. Vielleicht beobachten Sie
auch, dass Ihr Baby zu bestimmten Zeiten oder Gelegenheiten, wie nach einer
Autofahrt, beim Windelausziehen oder
beim Aufwachen, häufig mal muss.

Dann dürfen Sie ihm selbstverständlich erlauben, sein Geschäft beim Abhalten zu verrichten und müssen nicht daneben stehen und zuschauen, wie es in die Windel macht. Das wäre ja völlig absurd, meinen Sie nicht auch?

Mit frühzeitigem oder gar zu frühem Toilettentraining hat das natürlich überhaupt nichts zu tun. Sie müssen also nicht befürchten, dass ihr Baby später eine Störung entwickelt, weil Sie es zu früh aufs Töpfchen gesetzt haben. Diese Angst rührt aus der Zeit der Brachial-Methoden. Sensibel die Bedürfnisse des Kindes zu erkennen, und zu ermöglichen, dass es sein Geschäft nicht »am Körper« verrichten muss, hat nichts mit Training zu tun: Aus einem liebevollen Umgang ergibt sich von ganz allein eine gute Kommunikation. Und wenn nicht – auch kein Drama, schließlich gibt's ja Windeln.

Pieseln, kacken, A-a machen

Egal, ob Sie wickeln oder nicht: Sprechen Sie drüber! Beginnen Sie am besten ab Geburt alles, was mit Ausscheidungen zu tun hat, zu kommentieren, mit Ihrem Baby darüber zu sprechen, zu erklären.

Egal, wie Sie was nennen – benennen Sie! Ihr Kind versteht Sprache, lange bevor es Sprache produziert. Und etwas, wofür wir keine Worte haben, ist schwer zu verstehen. Reden über Ausscheidungen hilft ganz entscheidend beim Sauberwerden.

Eine gute EK – sie erinnern sich: Elimination plus Kommunikation – ist umso einfacher zu erreichen, je jünger das Baby ist. Trotzdem ist es nie »zu spät«, spätestens wenn Ihr Kind Ihnen einfach direkt sagen kann: »Du, Mama, ich muss mal« haben Sie schließlich erfolgreich eliminiziert.

Vielleicht möchten Sie so lange aber doch nicht warten oder sich nochmal das Kapitel Nicht ewig wickeln (Seite 52) ansehen – dann starten sie doch einfach mal und etablieren Sie einen Kommunikationskanal. Falls Ihr Kind schon einige Jahre ausschließlich in die Windel gemacht hat, hat es das vielleicht schon verinnerlicht. Die Windel, hat es gelernt, ist der Ort, an den meine Ausscheidungen gehören. Super! Denn das heißt, Ihr Kind ist schlau und

Die Sache beim Namen nennen

Überlegen, wie man die Ausscheidungen benennen möchte. Am beliebtesten sind hier nach einer kleinen Umfrage über meine Facebookseite (www.facebook.com/tatje) die Wörter Pipi und Kacke/Kacka. Dicht gefolgt von pischen und pinkeln sowie Pups oder der norddeutschen Verniedlichung A-a-machen.

Einige Eltern bevorzugen auch eher Derbes. Scheiße scheint bei vielen legitim, Pisse dagegen bleibt die Ausnahme. Sehr medizinisch kommen Defäketieren und Urinieren daher. Vielleicht wird es bei Ihnen ja auch ein lustiges Fantasiewort à la Muschelpusch oder Fiefie.

lernfähig – nicht, dass das jemals einer bezweifelt hätte. Aber Sie haben nun natürlich das Problem, dass die Signale eventuell nicht mehr ganz so deutlich sind. Keine Sorge, ohne Stress und mit ein bisschen Geduld beobachten Sie einfach ein bisschen länger, ein paar Tage vielleicht. Und gern nackt. Das Kind, nicht Sie!

Schlaue Helfer

Afrikanische Kinder, die fast ausschließlich getragen werden, sind mit einem Jahr sauber und trocken. Tragetücher gibt es inzwischen für jeden Geschmack und Geldbeutel. Das Trage-tuch ist die eierlegende Wollmilchsau: Nichts lässt sich so variabel an Träger und Tragling anpassen, wie ein gut gebundenes Tuch. Das stützt die kleine Wirbelsäule in ihrer natürlichen Krümmung, sodass die winzigen, weichen Bandscheiben kein Gewicht abfedern müssen. Außerdem hält es das Kind aufrecht und ermöglich so eine tiefe Atmung und eine besonders gute Sauerstoffversorgung. Nebenbei wird auch noch eine gesunde Hüftreifung unterstützt: Was will man mehr? Blitzschnell angelegt und physiologisch durchdacht sind auch viele moderne Tragehilfen, allen voran der sogenannte »Maitei«. Eine richtig gute Tragehilfe besticht durch einen verstellbaren Steg und festes Gewebe aus sogenanntem »Tragetuchstoff«. Gönnen Sie sich doch eine Trageberatung – professionelle und qualifizierte Trageberaterinnen finden Sie unter www.tragenetzwerk.de.

Asiatöpfchen

Asien hat pipikackamäßig einfach die Nase vorn: Das sogenannte Asiatöpfchen hat einen Durchmesser von etwa 10 bis 15 Zentimetern und sieht mit dem nach außen gebogenen Rand ein bisschen aus wie eine Rührschüssel. Dieser Rand und die schlanke Form des Töpfchens ermöglicht bequemes und sicheres Einklemmen unterm Arm und zwischen den Beinen des Erwachsenen – besonders kleine Babys können bequem über das Töpfchen gehalten

werden, um ihr Geschäft zu verrichten. Wer's kuschelig mag, für den gibt's noch einen Randüberzug aus kochfestem Frottee.

Babybalkon

Das Baby in einer sicheren Schlafumgebung ganz nah bei sich haben? Klar, denn so klappt nicht nur nachts Pipi machen viel besser und schneller, sondern auch das Stillen – und zwar so, dass auch Mama genügend Schlaf abbekommt! Mein Tipp: Ein Babybalkon wird schnell zu klein, aber bewaffnet mit Akkuschrauber und etwas handwerklichem Geschick lässt sich jedes Gitterbett schnell zum »Babybalkon« umfunktionieren. Einfach eine Gitterseite abmontieren und sicher und ohne Lücken, Ritzen oder Spalten mit dem Elternbett verbinden. Schön: Wenn das Kind doch jede Nacht in die Mitte wandert, dient der Balkon wahlweise als Ablagefläche für Bücher, Brille und Stilleinlagen oder auch als Ausweichquartier für übriggebliebene Arme und Beine.

Modenschau

Eine Hose mit elastischem Bund (Seite 92) hilft beim Trockenwerden, weil ältere Kinder die Hose allein herunterziehen können. Wählen Sie eine Hose, die auch an den Knöcheln längere Strickbündchen hat, wächst die Kleidung bis zu zwei Größen mit. Kleineren Kindern fehlen häufig noch die motorischen Fähigkeiten, eine Hose herunterzuziehen oder das mit dem Runterziehen geht im Falle eines Falles dann doch einfach nicht ganz schnell genug. Dann kommt eine Schlitzhose infrage. Diese superschlau designten Hosen klaffen in Hockposition so weit auseinander, dass Ihr Kind Pipi machen kann, ohne seine Kleidung zu beschmutzen. Im Stehen und Gehen allerdings werden die Pobäckchen sicher verborgen.

Verzichten Sie unbedingt möglichst früh auf Bodys. Wer mit zwei immer noch wie ein Paket verschnürt ist, hat nicht wirklich eine Chance, es rechtzeitig auf die Toilette zuschaffen, oder?

Nähe

Landauf, landab hört man Eltern klagen: Tagsüber klappt es ja schon ganz gut ohne Windel – aber nachts. Die gute Nachricht: nachts ist es eigentlich viel einfacher, dass ein Kind tro-

cken bleibt als tagsüber – oder wie oft müssen Sie nachts raus? Wenn Sie gesund sind und nicht gerade schwanger, wahrscheinlich überhaupt nicht. Manchmal aber vielleicht doch, beispielsweise, wenn Sie abends noch viel getrunken haben. So ist das im Prinzip auch bei Kindern. Mit dem Unterschied, dass Sie auf jeden Fall aufstehen, das Licht anmachen und über den Flur zur Toilette schlurfen. Das kann man von einem Kleinkind aber nun nicht unbedingt erwarten. Schon das Aufstehen wird schwierig – verständlicherweise, wenn ich bedenke, wie schwer es mir selbst manchmal fällt, aus dem warmen Bett hinauszukriechen, wenn die Blase doch anfängt zu drücken. Aber da ich weiß, wie viel unsere Matratzen gekostet haben, überwinde ich mich eben.

Der sensible Umgang mit Babys Ausscheidungen passt übrigens prima zu den aktuellen Empfehlungen der Bundeszentrale für gesundheitliche Aufklärung (mehr unter www.kinder gesundheit-info.de): Ihr Baby sollte mindestens das erste Lebensjahr im Elternschlafzimmer schlafen und niemals allein. Nur so reguliert sich automatisch der Atemrhythmus und die Schlaftiefe, um dem plötzlichen Säug-

Pipi-Kacka-Hose –
Nähanleitung

Sie müssen keine Couturière aus dem Hause Chanel sein – es reicht, wenn Sie eine einfache Nähmaschine bedienen können, um wunderbare und praktische Kleidung zu nähen.

Falls Sie noch nie selbst genäht haben, ist es vielleicht ein Ansporn, sich einen Nachmittag lang von Mutter, Oma oder SchwiMu die alte Nähmaschine erklären zu lassen, die noch irgendwo auf dem Dachboden steht. Eine einfache und bequeme Pipi-Kacka-Hose beispielsweise kriegen Sie mit Grundkenntnissen und einer stinknormalen Nähmaschine mit Gerad- und Zickzackstich locker selber hin. Diese Art von Babyhose besteht in der Regel aus einem weichen dehnbaren Jersey- oder weichem Nickiplüschstoff und Bündchenware für die elastischen Abschlüsse an Knöcheln und Bauch. Was man noch braucht: passendes Garn und unverzichtbar ist eine sogenannte Jerseynadel, die man in jedem Kaufhaus mit Kurzwarenabteilung bekommt.

Auch Stoffwindeln kann man selbst nähen

Auch Stoffwindeln können Sie übrigens selber nähen – falls Sie ein aktives Konto in einem sozialen Netzwerk haben, können Sie dort Windelschnittmuster in entsprechenden Gruppen tauschen und herunterladen. Außerdem gibt es dort Erfahrungsberichte, Tipps und Tricks zum Umgang mit Spezialmaterialien wie PUL-Stoffen und deren Bezugsquellen.

Und wenn alle Stricke reißen, gibt es ja immer noch DaWanda – selbstgemacht, nur halt nicht selbst gemacht.

MATERIAL:

✓ ca. 1/2 m kuschliger & pflegeleichter Nickiplüschstoff

✓ mind. 15 cm Strickbündchen
(beides z.B. von Westfalenstoffe mit Öko-Tex Standard 100)

✓ Nähgarn in passender Farbe, Stift zum Anzeichnen, Schere, Nadeln zum Feststecken

✓ Nähmaschine mit Zickzack-Stich und Jerseynadel

① Schnittmustervorlage oder Schnitt einer gut passenden Hose auf den Nickiplüsch übertragen, so dass der Stoff vom Hosenbund nach unten hin gegen den Strich „gestreichelt" wird.

② Schnittmuster 2x mit Nahtzugabe ausschneiden, rechts auf rechts glatt übereinanderlegen und an den rot markierten Kanten zusammennähen.

SCHNITTMUSTER GR 68
JE BEINTEIL

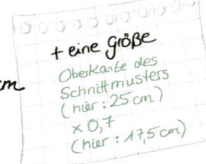

← 25 cm →

34 cm

1 cm

← 15 cm →

±2 cm

+ eine Größe	74
	↓
Ⓐ 1 cm	80
	↓
Ⓑ 2 cm	86

BÜNDCHEN

Bauchbündchen

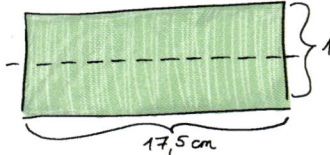

15 cm

17,5 cm

+ eine Größe
Oberkante des Schnittmusters
(hier: 25 cm)
× 0,7
(hier: 17,5 cm)

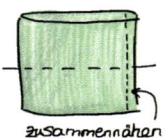

zusammennähen

wenden

an gestrichelter Linie umschlagen und ineinanderstecken

Fußbündchen

15 cm

8,75 cm   8,75 cm

③ An den Mittelbrüchen (hellblau markiert) falten und die nun aufeinanderliegenden gelb markierten Kanten zusammennähen

④ Ein Bauchbündchen und zwei Beinbündchen nach Vorgabe ausschneiden, jeweils an den Enden zusammennähen.

⑤ Bündchen und Hose ineinander-legen und unter leichter Spannung feststecken, mit Zickzackstich vernähen.

⑥ Fertig! DER Pipikacka-Allrounder! Passt über jeden Windelpo und ist fürs Klo oder Töpfchen blitzschnell hoch- und runtergezogen.

lingstod vorzubeugen. Egal, ob Familienbett oder eigenes Bettchen, Hauptsache in Reichweite der Eltern. Eine tolle Lösung für alle, die im Elternbett nicht viel Platz oder viel dicke Decken haben, ist ein Beistellbett oder ein Babybalkon (Seite 90).

Bedingungen fürs Bettenlager

Viele Studien haben mittlerweile bestätigt, dass das gemeinsame Schlafen in der Regel die Gesundheit des Babys fördert und dabei hilft, Krankheiten zu vermeiden.

Beachten Sie aber im ersten Lebensjahr bitte folgende Punkte:

1. Wer mit dem Baby im Bett schläft, muss Nichtraucher sein!
2. Wer mit dem Baby im Bett schläft, soll keinen Alkohol getrunken oder Schmerzmittel eingenommen haben.
3. Das Baby sollte Tag und Nacht nach Bedarf gestillt werden.
4. Das Baby ist gesund und reif geboren.
5. Das Baby schläft nicht eingewickelt im Pucksack, Tuch oder Schlafsack, sondern ist leicht und luftig gekleidet und kann sich frei bewegen.
6. Das Baby schläft auf dem Rücken, falls es das toleriert.

7. Nirgendwo am Bett gibt es Spalten, Ritzen oder dicke Polster, Decken und Kissen, die dem Kind die Atemwege versperren könnten oder in die es hineinrutschen kann.

Körperkontakt ist immer gut. Körperkontakt hilft bei der sicheren Wahrnehmung der Ausscheidungsbedürfnisse. Baby ab in eine bequeme Tragehilfe oder in ein Tuch und Sie können Ihren gewohnten Alltagsgeschäften nachgehen. Das Beste: Ihr kleines Würmchen ist hochzufrieden und gut verstaut. Ob es mal muss, merken Sie jetzt einfach intuitiv. Wie die Digo eben. Und lassen Sie sich bloß nicht abspeisen, wenn Ihr Baby scheinbar nicht getragen werden will – gönnen Sie sich doch einen Kurs zum Tragetuchbinden oder probieren Sie bei einer der vielen professionellen Trageberaterinnen, die es mittlerweile in Deutschland gibt, eine Tragehilfe aus, in der Sie Ihr Kind bei Bedarf stundenlang tragen könne, ohne das Gewicht überhaupt zu spüren.

Kinder brauchen Vorbilder

Immer mal wieder werden wir mit dem Bild des »kleinen Tyrannen« konfrontiert – ein Menschenbild, das seinen Ursprung in der überholten Annahme hat, wo man Kinder als unfertige Erwachsene ansah, die zuerst schlecht beziehungsweise mehr oder weniger ungeformt zur Welt kommen und erst dann durch zielgerichtete Maßnahmen von Belohnung und Bestrafung zu einem erträglichen Mitglied der Gesellschaft gemacht werden können.

Dass das so (leider) nicht funktioniert weiß man heute –, sonst könnte man das Kind ja immer verprügeln, wenn es jemanden haut, dann gewöhnt es sich das ganz schnell ab. Nein, das funktioniert natürlich nicht! Eher umgekehrt. Wer auch als Erwachsener gern mal zuschlägt, hatte mit Sicherheit keine gewaltfreie Kindheit. Ok, Prinzip erkannt. Jetzt einfach auf die Toilettendimension anwenden: Kinder brauchen Vorbilder, auch beim Pipi und Kacka machen. Zu Hause geht das, indem Sie Ihr Kind möglichst früh möglichst oft mitnehmen, wenn Sie selbst auf die Toilette gehen und ihm dabei erklären, was sich da gerade so abspielt. Wenn Sie mögen, können Sie das Kind auch vor sich auf den Toilettensitz setzen – das geht auch häufig schon bei sehr kleinen Babys.

Kinder lernen von anderen Kindern

Aber nicht nur Sie selbst mit Ihrem zielsicheren Urinstrahl und ihrem perfekten bremsspurfreien Poabwischen sind ein gutes Vorbild – vor allem lernen Kinder durch andere Kinder. In vielen Krippen, vor allem an Montessori-Einrichtungen, gibt es gemeinsame Töpfchenrunden. Und in jeder Kita gibt es heute winzige Toiletten, da kann man schon mal schauen, wie es die anderen Kinder machen – und vielleicht bekommt man dadurch ja Lust.

Wiebke, 27, Erzieherin in einer Montessori-Krippe
Unsere Kinder sind mit 2 trocken!

》 *»Das Motto von Maria Montessori: »Hilf mir, es selbst zu tun!« setzen wir auch beim Sauberwerden um. Wenn die Kinder mit einem Jahr zu uns kommen, bekommen Sie weiche Trainer-Stoffwindeln aus Baum-*

wolle, die sie sich selbst an- und ausziehen können. Nach einer Mahlzeit und vor dem Mittagsschläfchen gibt es einen »Töpfchenkreis«, wo der Toilettengang einen natürlichen Platz im Gruppenalltag bekommt. Ohne Druck, ohne Belohnung und natürlich ohne Strafen. Die meisten Kinder bei uns benötigen etwa mit zwei bis zweieinhalb Jahren keine Windeln oder Trainerhosen mehr.« ◄●

Häufig geht es zwei Schritte vor und einen Schritt zurück beim Wechsel in den Kindergarten. Mit drei sind sehr viele Kinder bereits sauber und trocken, im Kindergarten scheinen sie diese Fähigkeit plötzlich wieder zu verlernen.

Ursachen für Rückfälle in der Kita

- Anpassungsstörung an die neue Situation: Unterschätzen Sie nicht die seelische Leistung, die es erfordert, sich in eine ganz neue Gruppe zu integrieren. Ihr Kind lernt ganz neue Menschen kennen, neue Abläufe, neue Rituale. Es geht wahrscheinlich gern in den Kindergarten, aber trotzdem kann es als Ausdruck der großen Herausforderung zu einer gehäuften Zahl kleiner Malheurs kommen. Bleiben Sie in jedem Fall immer im Dialog mit den Erziehern. Sehr häufig ist die einfachste Lösung, ein wenig abzuwarten und alles reguliert sich

wieder von allein. Vielleicht können Sie auch für die erste Zeit die Betreuungszeit minimieren. Das ist natürlich häufig wegen Ihrer eigenen Arbeitszeiten nicht möglich, aber falls es möglich ist, puffert das die ersten Herausforderungen sehr erfolgreich ab.

- Manche Kinder möchten sich (noch) nicht von der Erzieherin oder dem Erzieher helfen lassen. Der vertrauensvolle Bezug muss erst noch langsam wachsen und entstehen. Ist das Vertrauen da, wird Erzieherin Susi auch durch den Gang zum Klo inklusive Ruf nach anschließendem Poabwischen geadelt.

- Vielleicht werden viele andere Kinder im Kindergarten noch gewickelt und bekommen während dieser Wickelzeit mehr Kuscheleinheiten und Aufmerksamkeit als die bereits »windellosen« Kinder. Rückfälle sind Signale, keine Programmfehler.

Kinder, die früh ohne Windel auskommen, haben vielleicht manchmal noch etwas häufiger kleine Pipikacka-Unfälle, als ältere Kinder. Diese »Fehlerquote« liegt einfach daran, dass je kleiner ein Kind ist, desto anfälliger ist es auch für jede Art von Störungen, die dazu beitragen, dass das Kind nicht rechtzeitig auf die Toilette gelangt oder nicht rechtzeitig Bescheid sagt.

Was tun bei Rückfällen?

Seien Sie beruhigt: Eine »zu frühe« Töpfchenbenutzung ist niemals der Grund für einen Rückfall! Alles was ohne Druck oder gar Strafen und mit viel Spaß geschieht, hat keine negativen Auswirkungen auf die Kinderseele. Bleiben Sie bei Unfällen gelassen und helfen Sie beim Wäschewechsel. Es ist sehr stark abhängig vom Kindergarten und von den einzelnen Erziehern, wie mit Unfällen und auch mit häufigeren Unfällen umgegangen wird. Verständlicherweise erlaubt es der Personalschlüssel häufig einfach nicht, das Kind so engmaschig zu betreuen, dass es ständig trockengelegt werden kann – gerade, wenn es sich um einen Waldkindergarten oder Ähnliches handelt.

Wenn plötzlich wieder etwas daneben geht

- gelassen bleiben,
- offen auf die Bedürfnisse des Kindes horchen,
- nasse und schmutzige Hosen einfach ohne großes Aufheben beseitigen.
- Falls das nicht praktikabel ist oder das Kind es sich wünscht: einfach wieder auf Windeln zurückgreifen.

Sie können natürlich für die Dauer einer Unfallperiode wieder auf Windeln zurückgreifen. Behalten Sie aber die Schwierigkeiten im Auge, die ein solcher Rückgriff mit sich bringt:

- Freut sich das Kind über die Windel oder äußert es selbst den Wunsch danach, wünscht es sich in den meisten Fällen nicht die Windel zurück, sondern die Rückentwicklung zum Baby oder kleinen Kind: Es möchte wieder klein und behütet sein. Erkunden Sie in diesem Fall sensibel, worin der eigentliche Wunsch besteht: Mehr kuscheln? Mehr Zeit? Mehr Zuneigung?

- Aber machen Sie sich auch nicht verrückt: Nicht hinter jedem Rückfall steckt gleich eine beginnende Neurose: Wenn wirklich der Wunsch besteht, wieder gewickelt zu werden, gehen Sie ruhig darauf ein – in den meisten Fällen verliert sich das Bedürfnis schnell von selbst wieder.
- Vielleicht entscheiden Sie sich aber auch dafür, wieder Windeln zu verwenden, weil die Erzieher Sie darum gebeten haben, um weiterhin allen Kindern gerecht werden zu können und die Tagesabläufe zu garantieren oder Ihr Kind wird mit nassen Hosen kalt wird und friert: Dann denken Sie über eine andere Art des Wickelns nach. Für die Zeit der häufigeren Unfälle besorgen Sie ein etwas dickeres Frotteeunterhöschen und ziehen eine mit Lanolin behandelte Wollleggings oder Wollstrumpfhose darüber. Die hält ein kleines Malheur sicher fest und hat keinen Windelcharakter. Eine andere Alternative sind sogenannte Trainingshöschen aus Frottee und PUL. Gegenüber den superabsorbierenden Trainigshöschen zum Wegwerfen, fühlen sich diese Textilhöschen an wie richtige Unterwäsche und können vom Kind viel klarer in die Kategorie »keine Windel« eingeordnet werden.

Töpfchen-/Toilettenboykott

Eigentlich lief es schon ganz gut. Sie waren richtig hoffnungsfroh, dass die Windel bald der Geschichte angehört. Hatten schon mal einen neuen Stapel Große-Kinder-Unterhosen in den Schrank gelegt. Und nun? Ihr Kind weigert sich schlicht, aufs Töpfchen zu gehen. Oder auf die Toilette. Nichts geht mehr. Wie bei allen anderen Entwicklungsschritten, gilt auch bei der Toilettenreife die Devise: Zwei vor, eins zurück. Gern auch mal: eins vor, zwei zurück. In einer normalen Entwicklung sind das aber sehr kurze Phasen; während dieser »Rückfälle« verdaut Ihr Kind das bisher Gemeisterte einfach noch mal, um dann bald ganz normal weiterzumachen, als sei nichts gewesen.

»Nur eine Phase« ist immer ein phänomenaler Ratschlag, der Ihnen rein gar nichts bringt, wenn Sie morgens ein Mini-Wutmonster aus dem Bett schälen, das sich schlicht weigert, auf die Toilette zu gehen. Obwohl Sie mit der Präzision einer Schweizer Uhr vorhersagen können, dass das Bächlein raus will. Und zwar in drei – zwei – eins. Ok, ich wisch es weg. Seufz.

Jetzt gibt es mehrere Möglichkeiten:

a. Sie stoßen wilde Drohungen aus.

b. Sie holen doch noch die Klebetafel mit den goldenen Sternen.

c. Sie bleiben ruhig und erklären, dass Sie gemeinsam mit Ihrem Kind nun so lange an einem leicht zu reinigenden Ort bleiben werden, bis das nasse Vergnügen vorbei ist.

Wo sind meine Grenzen?

Ich empfehle Möglichkeit C, weil stressfreie Sauberkeitserziehung vor allem bedeutet: Kein Stress für SIE! Horchen Sie also in sich hinein, wo Ihre eigenen Grenzen liegen und scheuen Sie sich nicht davor, Ihre Bedürfnisse zu vertreten. Alles andere ist Quatsch und auf Dauer zum Scheitern verurteilt. Wenn das bei einem Toilettenboykott bedeutet, dass Sie einfach wieder eine Windel anziehen, ok. Wenn es Ihnen eigentlich egal ist, dass Ihr Kind in den Fikus oder auf den Küchenfußboden pieselt: auch ok.

Eine Phase, die vorbeigeht. Machen Sie sich nur immer klar, dass Ihr Kind nichts »absichtlich« macht – auch wenn sich das auf den ersten Blick manchmal so darstellen mag. Ein kleiner Toilettenboykott morgens, bevor es in den Kindergarten geht? Vielleicht noch einmal absichern, dass Mama auch wirklich immer für einen da ist, bevor man sich in die weite Welt der Gruppe »Kleine Fliegenpilze« verabschiedet. Oder kommt Ihr Kind vielleicht aus Krippe oder Kindergarten häufig mit nasser Hose nach Hause, obwohl daheim alles rund läuft?

Vielleicht ist das gar keine schlechte Strategie, denn eine nasse Hose gibt ein bisschen Alleinzeit mit der Lieblingskindergärtnerin. Bei 22 Kindern muss man schon sehen, wo man bleibt. Sie sehen also: Es gibt viele Gründe für einen Toilettenboykott und so blöd er sich auch anfühlt und so nervig er manchmal ist, meistens geht er schnell wieder vorbei. Wirklich!

Ist Belohnen in Ordnung?

Die beiden US-Amerikaner Nathan Azrin und Richard Foxx entwickelten in den siebziger Jahren eine viel beachtete »Methode«, um sauber und trocken zu werden: Das Trockenbett-Training. Ursprünglich für Jugendliche und Erwachsene mit starken Entwicklungsverzögerungen gedacht, kombiniert diese Methode entwürdigende Bestrafungen mit kleinen Belohnungen. Die so »trainierten« Menschen werden gezwungen, mehrmals hintereinander dieselbe nasse Unterkleidung wieder anzuziehen und mit den Händen zu befühlen. Bei Wohlverhalten dagegen wird ihnen beispielsweise eine Süßigkeit verabreicht. Weil das so prima klappte, schob das Autorenteam gleich noch einen Bestseller-Elternratgeber nach, wo die Methode für alle Kleinkinder als »Toilettentraining an weniger als einem Tag« beworben wird.

Fast immer, wenn wir hören, dass von Toilettentraining abgeraten wird, meinen Kinderärzte, Psychologen und Pädagogen Spielarten des Vorgehens von Azrin und Foxx: nämlich Belohnung und Bestrafung.

Glöckchentraining für Ihr Kind?

Bestrafen, ja, das ist doof, das kann man einsehen, aber belohnen? Wem tut es denn weh, wenn Sie mit Geschenken winken? Ihrem Kind bestimmt nicht. Oder? Nein, weh tut es ihm nicht, aber die Aufmerksamkeit des Kindes lenkt

sich auf den Aufkleber, auf das Bonbon oder das versprochenen Fahrrad, weniger auf die Leistung, die es erbracht hat. Die Leistung verliert dabei an Wert, und die Belohnung gewinnt. Für die Dressur super, denn der Löwe, der durch den brennenden Reifen springt, muss nicht unbedingt aus eigenem Antrieb wieder geeignete brennende Reifen suchen oder sogar selbst welche anzünden. Es genügt, wenn er jedes Mal zum Schnitzel springt, wenn er es soll. Außerdem muss er nicht entscheiden, welche Folgen der brennende Reifen womöglich hat. Das ist nämlich auch so ein Problem: Kinder, die für ihr Tun Belohnungen bekommen, sind so sehr auf die Belohnung fokussiert, dass die Analyse Ihres Tuns und welche Auswirkungen es auf die Umgebung und auf andere Menschen hat, in den Hintergrund treten.

Vielleicht kommt Ihnen auch der Biounterricht mit den Hunden und den Reflexen in den Sinn. Sie wissen schon, die Pawlow'schen. Die Geschichte mit dem Glöckchen, das immer dann klingelt, wenn die Hunde etwas zu fressen bekommen. Irgendwann braucht man dann bloß noch zu läuten, und zack: Speichelfluss vom Feinsten, obwohl Futter nirgendwo in Sicht ist. Super. Also Glöckchentraining für Ihr Kind?

Hunde werden dressiert, aber keine Kinder

Wenn Belohnung und Bestrafung doch scheinbar super funktionieren, wieso soll man das dann nicht machen? Weil Belohnung und Bestrafung leider die unangenehme Eigenschaft haben, ihre Wirkung zu verlieren, sobald Süßigkeiten und Streicheleinheiten bzw. Ohrfeigen und Co weggelassen werden. Sofort treten wieder die alten Verhaltensweisen zutage.

Die gute Nachricht ist: Bonbons braucht es gar nicht, denn die Belohnung fürs Bescheid sagen oder später die selbstständige Benutzung der Toilette ist gleich mit eingebaut: Nicht in den eigenen Exkrementen sitzen oder liegen zu müssen. Auch nicht kurz. Ein tolles Erlebnis für Ihr Kind, wenn es aus eigener Kraft, liebevoll von Ihnen begleitet, immer selbstständiger wird und schließlich ganz allein die Toilette benutzen kann. Natürlich dürfen Sie ihm aufs Töpfchen helfen oder es abhalten, wenn es signalisiert, dass es mal muss. Das hat mit Training gar nichts zu tun.

Und es ist natürlich auch erlaubt, Ihrem Kind den Toilettengang so angenehm wie möglich zu machen. Dazu gehören eine saubere Toilette genauso wie vielleicht ein Sitzverkleinerer mit einer Fußbank, schön bedrucktes Bärchen-Toilettenpapier oder ein buntes Töpfchen.

Wenn Sie also andere Mütter goldenen Sterne auf Papptafeln kleben sehen und verheißungsvoll mit karamellgefüllten Tupperdosen klappern hören, lehnen Sie sich einfach entspannt zurück und – schenken sich den ganzen Käse. Denn: Sie wissen, dass man Hunde dressiert und keine Kinder.

Mein Kind braucht eine Therapie

Der Zeitpunkt, ab dem ein Kind zuverlässig sauber und trocken ist, hängt bei gesunden Kindern maßgeblich davon ab, wie im Vorfeld mit den Ausscheidungen umgegangen wurde und welche Veranlagungen das einzelne Kind mitbringt. Das Mantra »Locker bleiben!« trifft sicher in der überwältigenden Mehrzahl der Fälle zu, allerdings dürfen wir uns auch nicht darüber hin-

wegtäuschen lassen, dass es sehr wohl behandlungsbedürftige Störungen gibt. Der beste und zuverlässigste Hinweis auf eine solche Störung ist Ihr eigenes Gefühl. Nehmen Sie sich einen Moment Zeit und Ruhe und fragen Sie sich selbst ehrlich: Was glaube ICH? Denke ICH, dass etwas mit meinem Kind nicht normal verläuft? Wenn die Antwort ja lautet, ziehen Sie einen Facharzt hinzu. Und denken Sie daran: Jeder Mensch, dazu zählen auch Kinder, hat das Recht auf eine fachärztliche Behandlung. Stellen Sie das Kind also nach Möglichkeit bei einem Kinderarzt vor, der Sie dann gegebenenfalls auch noch weiterüberweisen kann an einen Gastroenterologen oder an einen Kinderpsychiater.

Verstopfung ist manchmal das Problem

Wenn Ihr Kind Probleme hat, den Stuhl zu halten, kann das häufig mit einer versteckten Verstopfung zu tun haben. Der Stuhlgang ist dann dünn und tritt schwallartig aus, wenn der Darmausgang von harten Stuhlklumpen versperrt ist. Die durchfallartige Masse schießt dann von hinten an der Verstopfung unkontrolliert vorbei. Häufig ist eine Ultraschalluntersuchung sinn-

voll, um solche Kotreservoirs aufzu-
decken. Ihr Arzt berät sie.

Versteckte Konflikte. Es gibt viele
weitere Ursachen für das Einkoten –
manchmal trägt ein Kind innere Konflikte durch Einkoten oder Einnässen
nach außen und macht sie so sichtbar.
Verhältnismäßig häufig kommt es beispielsweise zu einem erneuten Einkoten, obwohl das Kind längst sauber und
trocken war, wenn ein neues Geschwis-
terchen geboren wird. Begegnen Sie ihrem Kind dann erst Recht mit Liebe und
viel Verständnis. Denken Sie daran, wie
Sie sich fühlen würden, wenn Ihr Mann
plötzlich seine neue Freundin mit den
Worten nach Hause bringt: »Übrigens,
das ist die Uschi, die wohnt jetzt auch
hier bei uns. Deshalb hab ich dich aber
nicht weniger lieb.«

Das sind nur einige Beispiele häufiger
Konstellationen und Diagnosen. Sie er-
setzen keinen ärztlichen und vor allem
individuellen Befund. Sich an Experten zu wenden, wenn etwas nicht optimal läuft, ist keine Schande, sondern
ein Zeichen von Stärke: Häufig kann Ihrem Kind ganz schnell geholfen werden
und auch Ihnen wird eine große Last
von den Schultern genommen.

Viele Fünfjährige nässen noch ein

Bedenken Sie auch: Etwa ein Drittel aller Fünfjährigen sind heute in Deutschland Bettnässer. Obwohl der Diagnose-
schlüssel also eine Krankheit ausweist,
ist das Auftreten von Enuresis, also Einnässen, in unserem Kulturkreis auch
später deshalb häufig noch als völlig
normal anzusehen. »Nur« weil ein Kind
sehr spät sauber und trocken ist, muss
kein Krankheitswert dahinterstecken.
Wichtig ist also nicht, welche Definition von »normal« andere für Sie und
Ihre Familie haben, sondern ob ein Lei-
densdruck bei Ihnen oder Ihrem Kind
besteht. Psychisch oder auch organisch.
Dann holen Sie sich Hilfe!

Liebevolle Kinderbücher zu diesem
Thema sind:

Volle Hose (Sigrun Eder & Daniela Klein)

**Nasses Bett? (Sigrun Eder & Elisabeth
Marte)**

Wie bitte? Windelfrei!!???

Babys ohne Windeln – das tun sich doch freiwillig nur Masochisten, Psychopathen und Promis mit zehn Kindermädchen an – oder etwa doch nicht? Kann das funktionieren?

Erinnern Sie sich noch an Christina? Die ist nämlich nicht nur Ärztin und Stoffwindelmama, sondern engagiert sich auch in der sogenannten Windelfreibewegung – Sie wissen ja jetzt schon, dass unsere Elternkollegen von früher und auch ein Großteil der heutigen Weltbevölkerung ihre Kinder nicht systematisch zum Pipikacka-Machen untenrum in irgendetwas einpacken.

Das Wort »windelfrei« klingt erstmal ganz schön einschüchternd: Nach stinkenden Wohnungen und gestressten Müttern. Dabei ist das, was Sie bis jetzt in diesem Buch gelesen haben, schon eine Form von windelfrei gewesen: Windelfrei heißt nämlich gar nicht so, weil man da keine Windeln benutzen *darf* – windelfrei heißt so, weil man keine Windeln benutzen *muss*.

Fenja, 23, Krankenschwester & Windelfrei-Mama
Nur kein Stress!

>> *»Unsere Kleine ist jetzt drei Monate alt und wir halten Sie regelmäßig ab, wenn sie uns mitteilt, dass sie mal muss. Das klappt in Kombination mit Stoffwindeln super und wir stressen uns damit gar nicht. Wenn es klappt, dann klappt es. Wenn nicht*

dann nicht. Wir mögen es jedenfalls nicht mit ansehen, dass sie eine Windel anbehalten muss, wenn wir einfach wissen, dass jetzt ihr Geschäft kommt.« ◆

....

Muster erkennen

Böse Zungen behaupten, beim Windelfrei-Prinzip würde man die Eltern trainieren und nicht die Kinder. Nein, denn Windelfrei lebt ganz einfach von Synchronisation, vom Sich-aufeinander-Einspielen: Eltern lernen die Be-

dürfnisse Ihres Kindes zu erkennen und – so phänomenal das auch klingen mag – schon kleine Babys können sich bis zu einem gewissen Grad auf die Bedürfnisse Ihrer Eltern einstellen. Sie entwickeln erstaunlich häufig ein Gespür dafür, wo Pipikacka-Tabu-Orte sind: Das Auto beispielsweise oder das Sofa. Wenn das Baby sich an einem solchen Ort befindet, macht es sich stärker bemerkbar, als wenn es auf zwei dicken Handtüchern auf der Spieldecke liegt. Jedes Baby und jedes Kind sind da natürlich auch wieder sehr verschieden, aber einige können schon mit wenigen Wochen Ihr Pipikacka ein paar Minuten zurückhalten.

Bevor sie aber solche Kunstgriffe erwarten, müssen Sie erstmal wieder neu lesen lernen: Und zwar die Sprache Ihres Kindes. Denn auch wenn ein Baby noch keine Worte formt, kann es sich sehr wohl mitteilen. Nehmen Sie sich etwas Zeit, um in Ihrem Baby lesen zu lernen. Am besten funktioniert das in Ruhe und zu Hause und mit möglichst wenig Kleidung in engem Kontakt. Gehen Sie einfach mal ein Wochenende in Klausur, wenn Sie es irgendwie einrichten können. Beim ersten Kind ist das meistens noch besonders gut möglich.

Krabbeln Sie mit ihrem Baby nackig unter die Bettdecke. Wenn Sie möchten, können Sie sich auf ein oder zwei dicke Handtücher legen, kuscheln Sie ausgiebig und sehen Sie, was passiert. Auch eine Stillbeziehung in schweren Gewässern, kann man so oft wieder gut auf Kurs bringen.

Halten Sie auch nach typischen Situationen Ausschau: Nach dem Aufwachen etwa – und da ganz besonders nach einem Nickerchen in der Tragehilfe – können Sie fast sicher sein, dass sich da etwas Pipikacka-mäßiges anbahnt.

Gleichgesinnte suchen

Zusammen ist man weniger allein: Wenn Sie nach der Lektüre dieses Buches beschließen, das Konzept »windelfrei« auch nur teilweise in Ihren Alltag einzubauen, werden Sie wahrscheinlich mit einem sehr zufriedenen Baby belohnt. Sie werden wahnsinnig stolz sein, wenn die ersten Häufchen im Asiatöpfchen, dem kleinen Schälchen mit nach außen gestülptem Rand, gelandet sind und würden am liebsten der ganzen Welt erzählen, wie beknackt es ist, ein Kind routinemäßig zu zwei Jahren

»Windeln ohne Bewährung« zu verurteilen. Yeah – Sie sind super! Das meine ich ernst und das sollten Sie mehrmals am Tag hören. Werden Sie aber wahrscheinlich ungerechterweise nicht. Deshalb: Warten Sie nicht auf Leute, die Sie verstehen, suchen Sie sie! Stricken Sie sich ein Netzwerk! Gehen Sie zu Windelfrei-Treffen und weil es die nicht ganz so häufig gibt auch gern zu Stoffwindeltreffen. Stoffwindeleltern sind meistens bestens vertraut mit dem Windelfrei-Prinzip und halten meistens mindestens teilzeitmäßig ab. Adressen und Anlaufpunkte finden Sie übrigens im Anhang dieses Buches.

Was ist mit meinem Umfeld?

So weit, so gut. Aber was ist mit den Leuten, die man sich nun mal nicht so richtig aussuchen kann, weil Sie einen z. B. selber mal geboren haben? Und von denen man ja eigentlich weiß, dass sie es eigentlich nur gut meinen? Keine Angst, Eltern und Großeltern sind nach einem gewissen Initialwiderstand in der Regel ziemlich einfach an Bord zu holen, die brauchen nur mal zuschauen, wie ihr drei Wochen altes Baby maulig wird, um dann direkt im Anschluss, wie auf Kommando, den Darminhalt

routiniert in die bereitgehaltene Salatschüssel zu entleeren.

Dann werden Oma, Opa und die notorisch skeptische Tante Inge oft zu den glühendsten Verfechtern und man muss fast aufpassen, dass sie beim Seniorenkränzchen nicht etwas übers Ziel hinausschießen, und auf dem neuen Smartphone Häufchenbilder herumzeigen.

Kinderarzt. Es ist nicht so wichtig, einen Kinderarzt zu finden, der das Prinzip kennt, als einen, der es unterstützt. Ich selbst hatte einen Kinderarzt, der eine Zeit lang in Afrika gearbeitet hatte.

Er wusste, soweit mir bekannt ist, zwar nichts über die westliche Windelfrei-Bewegung und fand es deshalb wohl schon etwas exotisch, aber natürlich nicht gefährlich, da ihm ja aus eigener Anschauung unmittelbar bekannt war, dass es in anderen Ländern erfolgreich und schadensfrei so gehandhabt wird.

Schritt für Schritt windelfrei

Die ersten Tage

Wenn Sie Lust haben, können Sie gleich nach der Geburt beginnen – dann sind großartige Erfolgserlebnisse fast garantiert. Statt das klebrige Kindspech an Windel und Babypo kleben zu haben, stellen Sie sich einfach eine beliebige, am besten unzerbrechliche kleine Schüssel bereit, über die Sie ihr Baby abhalten, wenn es unruhig wird. Auch während des Stillens oder nach dem Aufwachen sind prima Zeitpunkte, um kleine und große Geschäfte direkt im Töpfchen landen zu lassen. Obwohl es erst wenige Stunden oder Tage alt ist, werden Sie bei Ihrem Baby schnell einen faszinierenden Rhythmus bemerken. In diesem Alter ist dieser Rhythmus noch sehr eng getaktet: Jede Viertelstunde ist zu Beginn völlig normal. Und auch das heißt ja nicht, dass Sie immer alles erwischen müssen. Bewährt haben sich bei Minibabys kleine Trainerhosen, die man sich aus einer gefalteten Mullwindel und einer normalen Babyunterhose selbst machen kann. In speziellen Windelfrei-Shops finden Sie außerdem eine breite Palette an praktischem Zubehör für Windelfrei-Babys. Für längere Autofahrten oder andere Zeiten, zu denen man keine Zeit, keine Gelegenheit oder schlicht keine Lust hat, einfach Windel anziehen. Und daran denken: Stressfreiheit ist das oberste Gebot!

Die ersten drei Monate

Nach dem Wochenbett haben Sie nun vielleicht eher die Energie, mal einen Windelfrei-Versuch zu starten. Super, ein Startpunkt irgendwann in den ersten drei Monaten ist immer ideal!

Tasten Sie sich durch Abhalten nach dem Aufwachen und während des Stillens an den Rhythmus Ihres Kindes heran und beobachten Sie, ob Sie Signale wie Unruhe, Meckern oder anderes erkennen können. Wenn Sie sich etwas planlos fühlen, ziehen Sie Ihr Kind nackt aus und gönnen sich mal ein paar Tage in ruhiger Zweisamkeit und engem Körperkontakt auf dicken kuscheligen Handtüchern: Danach sind Sie Expertin für Pipikack-Anflüge, die Sie dann häufig schon intuitiv vorhersagen können.

In diesem Alter braucht Ihr Baby nachts in jedem Fall noch seine Milchmahlzeit(-en) – die können Sie als sehr ambitionierte Windelfrei-Mama natürlich nutzen, um auch nachts abzuhalten. Aufstehen ist aber blöd und kostet viel zu viel Ihrer wertvollen Schlafzeit, also kleiden Sie Ihr Baby schlau, sodass Sie mit einem Handgriff den Po entblößen können. Wenn Sie dann ein Töpfchen auf dem Nachttisch stehen haben, können Sie Ihr Baby einfach drüberhalten. Falls Sie schlaftrunken nicht nach dem Töpfchen greifen wollen, stellen Sie eine Babybadewanne vors Bett: Baby aus dem Bett halten, und fertig. Eventuell noch einmal mit normalem Toilettenpapier nachwischen, das reicht, es klebt ja nichts am Po, weil nicht drin gesessen wurde. Und morgens bitte nicht mit dem falschen Bein aufstehen und in die Badewanne treten!

Als Unterlage im Bett haben sich Inkontinenzunterlagen bewährt, auf die ein Badehandtuch gelegt wird: Gab es ein Malheur, schmeißen Sie das schmutzige Handtuch einfach vors Bett und nehmen ein bereitliegendes Neues.

Die nächsten drei Monate

Sie sind ein gut eingespieltes Team geworden. Ihr Baby muss nun auch lange nicht mehr so häufig wie anfangs und schafft es vielleicht schon, eine Stunde lang kein Pipi zu machen. Bleiben Sie dran!

Wenn Ihr Baby beginnt, eine gewisse Rumpfkontrolle zu zeigen, können Sie neben dem Abhalten auch damit beginnen, Töpfchen oder Trainersitze auf der

Wenn die Signale verschwinden

Sie haben schnell ein Gespür dafür entwickelt, welche Zeiten und welche Geräusche oder Bewegungen das große und kleine Geschäft ankündigen würden. Und nun: Wow, Ihr Baby ist schon ein halbes Jahr alt und Pipikacka-Abstände von über 1 ½ Stunden sind keine Seltenheit mehr. Ha! Sie könnten Bäume ausreißen vor Freude. Doch plötzlich – wie von Zauberhand – sind alle Signale weg, Windelfrei im Arsch. Oh, nein! Was jetzt?

Keine Angst, die Signale sind nicht weg, sie haben sich verändert oder vorläufig schüchtern zurückgezogen. Vertrauen Sie darauf: Ihr Kind teilt sich mit, wenn es Ihnen etwas zu sagen hat. Ihre Aufgabe: Offen bleiben fürs Zuhören und sich weiterhin nicht stressen lassen! Windelfrei ist keine Prüfung!

Toilette zu verwenden. Natürlich wird Ihr Baby noch nicht alleine sitzen können, aber Sie können es halten und unterstützen. Um schneller und leichter an den Babypopo zu kommen, gibt es wunderhübsche Stulpen, die statt Hosen getragen werden und die die kleinen Speckbeinchen schön warm halten. Und wenn Ihr Baby ein Teenager ist, werden sie zu Pulswärmern.

Egal, ob Sie häufig oder eher selten windelfrei praktizieren: Solange Sie regelmäßig, vielleicht auch nur 1-, 2-mal in der Woche Ihr Kind abhalten, verliert es nie ganz den Kontakt zu seinen Ausscheidungen. Ein Stoffwindelsystem, das bei Bedarf auch mal eine längere Zeit, z. B. bei Autofahrten, durchhält, ist dabei ein guter Begleiter. Und wussten Sie, dass es sogar Windelfrei-Windeln (Flopi) und Windelfrei-Gürtel gibt, deren Mittelteil man einfach bei Bedarf wegklappen kann, ohne die ganze Windel abnehmen zu müssen?

Ein halbes Jahr

Kann man eigentlich auch windelfrei anfangen, wenn das Baby schon ein halbes Jahr alt ist? Unmöglich ist das nicht, aber Sie sollten eine Extraportion Geduld mitbringen, weil Sie nicht auf bereits Etabliertes zurückgreifen können und Ihr Baby von anderen Entwicklungsschritten in Anspruch genommen wird.

Bis zum ersten Geburtstag

Im zweiten Lebenshalbjahr pendelt sich alles langsam wieder ein – wo genau das Pendel hinschwingt, ist allerdings sehr unterschiedlich. Lassen Sie sich überraschen, was Ihr Kind an Pipi-kacka-Frequenz und charmanten Signalen für Sie bereithält. Die zweite Hälfte des ersten Lebensjahres ist auch noch einmal ein besonders günstiger Startpunkt für Neueinsteiger.

Ihr Baby kann jetzt viele neue Dinge: krabbeln, cruisen, vielleicht schon frei stehen oder sogar einige selbstständige Schritte gehen. Da ergeben sich auch für das Thema windelfrei ganz neue Möglichkeiten. Jetzt ist ein toller Zeitpunkt, um ein schönes, standfestes Töpfchen, Schlitzhosen (Seite 20) oder Trainerhosen anzuschaffen. Falls es mal wieder einen oder mehrere Streiks gibt: alles wie gehabt. Nicht stressen lassen und dran bleiben. Natürlich dürfen Sie auch jederzeit wieder komplett wickeln. Denken Sie daran: Es gibt keine Windelfrei-Polizei – es gibt nur die individuellen Bedürfnisse Ihrer eigenen Familie.

Klogymnastik

Laufen kann man am besten barfuß und wo das nicht geht, stecken wir die zarten Füßchen unsere Kinder natürlich in wirklich gutes Schuhwerk! Und beim Toilettengang ist das genauso: Wirklich gut sein Geschäft verrichten geht nämlich nur, wenn Toilette oder Töpfchen eine Entleerung anatomisch auch zulassen. Optimale Position: Die Hocke! In der Hocke wirken Kräfte auf den Darmbereich, die eine vollständige und gesunde Entleerung ideal begünstigen.

Beim Abhalten imitiert man ganz automatisch diese Hockposition, indem man das Kind von hinten in den Kniekehlen greift und mit der eigenen Brust den Rücken des Babys oder auch des älteren Kindes abstützt. Bei Babys, die häufig noch keine volle Kopf- oder Rumpfkontrolle haben, stützen Sie intuitiv mehr als beim älteren Kind. Sitzt das Kind auf dem Töpfchen, ist in der Regel auch eine recht gute Hocke mög-

lich. Aber das Töpfchen sollte nicht zu hoch sein, damit die Knie in jedem Fall höher sind als der Po.

Niedrig und standfest also, dann sind Sie gut bedient! Und bequem natürlich. Die Donut-Form hat sich gut bewährt, aber auch andere Töpfchentypen kommen natürlich in Frage – lassen Sie sich einfach inspirieren! Erlaubt ist, was gefällt.

Hilfsmittel Fußbank

Falls Sie sich übrigens gerade noch fragen ob die Hock-Empfehlung auch für uns Erwachsene gilt: Ja, selbstverständlich. Sie müssen nun aber nicht jedes Mal verschämt in den Garten schleichen und ein Loch graben nur, um die optimale Hockposition einnehmen zu können. Beugen Sie sich einfach beim großen Geschäft nach vorn und erhöhen Sie die Füße durch einen Tritt oder einen kleinen Hocker. Prima zur Vorbeugung von Hämorrhoiden!

So ein Fußbänkchen sollten Sie natürlich auch ihrem Kind gönnen, wenn es statt eines Töpfchens die richtige Toilette benutzt, in der man alles auf Knopfdruck verschwinden lassen kann,

statt ständig mühsam das Töpfchen zu säubern. Es gibt z. B. Klositze, die links und rechts zwei Armlehnen oder Griffe haben und eine kleine Treppe mit Stufen zum Hinaussteigen. So eine Konstruktion hat zwei Vorteile: Das Kind fühlt sich sicher, denn manch mutigem Klobezwinger wird da oben ganz ohne Geländer etwas mulmig zumute. Der zweite Bonus: Die letzte Stufe der Leiter ersetzt praktischerweise gleich das Fußbänkchen und die Beine sind schon in der richtigen Hochstellung statt hinunterzubaumeln. Abwischbar und leicht zu reinigen ist ein Bonus!

Laufkind bis 1 ½

Nach dem ersten Geburtstag wird Ihr Kind noch einmal zusehends mobiler: Es steht und läuft wahrscheinlich immer sicherer – geben Sie ihm die Gelegenheit, seine neuen Fähigkeiten auch beim Töpfchengang einzusetzen. In Kulturen, wo windelfrei gesellschaftlich anerkannt ist und eine lange Tradition hat, kommt mit der Fähigkeit zu laufen, sich hinzuhocken und aus der Hocke wieder aufzustehen der Zeitpunkt des Trockenwerdens. Diese Erwartung sollten Sie nicht aufbauen, aber geben Sie Ihrem Kind die Gelegenheit, sich auszuprobieren: Gönnen Sie ihm viel Nacktzeit oder Zeit in Schlitzhosen (Seite 20) mit freiem Töpfchenzugang. Nehmen Sie aber auch Töpfchenboykotte lässig hin.

Sprechkind im zweiten Lebensjahr

Kurz vor dem zweiten Geburtstag ist Ihr Kind meist viele Stunden in Folge trocken. Die Töpfchenkommunikation findet nun immer mehr über Sprache statt. Entwickeln Sie ein Gespür dafür, was Ihr Kind mag und was nicht. Einige Kinder schnappen regelrecht ein, wenn man sie fragt, ob sie mal müssen und gehen dann gar nicht mehr. Andere sind froh über die Erinnerung und tanzen fröhlich zum Töpfchen. Sicher wissen Sie inzwischen selbst am besten, was Ihr Kind rund um das Töpfchenthema

mag und was nicht. Eine große Packung Wechselwäsche für kleine Malheurs unterwegs ist hilfreich entstressend, und Sie können natürlich nach wie vor Trainerhosen oder komplette Windeln verwenden, wenn Sie mögen.

Mama, ich bin feeeertig – Po abwischen!

Klingt unglaublich, ist aber so: Ein windelfreies Kind in Westeuropa ist ziemlich häufig kurz nach dem zweiten Geburtstag sauber und trocken. Der Sinn ist aber kein Zirkusstück à la »Früh sauber, siehste!«, sondern die eigentliche Belohnung besteht darin, dass man einen gemeinsamen Erfolg am Ende eines gemeinsamen Weges feiern kann: Ein Weg voller Liebe und Achtsamkeit Ihrem Kind gegenüber.

Ausscheidungs- kommunikation ab 3

Mit der Ausscheidungskommunikation kann grundsätzlich immer begonnen werden – es ist dafür nie zu früh oder zu spät. Und los geht's!

Sicher gibt es Zeitpunkte, die besonders geeignet sind, um mit dem Thema Trockenwerden zu starten. Aber wenn Sie sich einmal klar gemacht haben, dass die Windel nur ein praktisches Hilfsmittel ist, das man einsetzen kann – aber nicht muss! – dann stehen Sie auf einem hervorragenden Startpunkt für wirklich jedes Alter.

Die Windel einfach weglassen?

Die Windel einfach weglassen ist auf jeden Fall eine gute Idee – mit einer Einschränkung: Falls Ihr Kind Ihnen signalisiert, dass es die Windel nicht hergeben möchte. Ausscheidungskommunikation betrifft die Kommunikation aller Bedürfnisse, nicht nur das Bedürfnis, Blase oder Darm zu entleeren. Manchmal bedeutet der Verlust der Windel für das Kind den Verlust eines Bezugsobjektes, mit dem es schon Monate oder sogar Jahre lang Sicherheit verbindet. Gehen Sie immer sanft ohne Druck, abfällige Kommentare oder gar Schimpfen und Strafen vor. Begleiten Sie Ihr Kind achtsam und liebevoll, indem Sie durch Vorbild und Angebot klarmachen, dass es außer der Windel andere gute Orte gibt, um sein Geschäft zu verrichten.

bleiben möchte. Ich versichere Ihnen, dass beides nicht zutrifft. Jeder gesunde Mensch freut sich darüber, wenn ihm die eigenen Fäkalien nicht am Hintern kleben. So auch Ihr Kind.

Auf die Windel konditioniert. Der Grund, warum trotzdem das Längliche nicht ins Runde will – das Würstchen ins Töpfchen in diesem Fall – ist schlicht, dass Ihr Kind darauf konditioniert ist, in die Windel zu machen. Und was nun? Die Windel einfach dranlassen und hoffen, dass sich die Sache irgendwann selbst erledigt? Ja, das wäre die eine Möglichkeit. Hat aber nicht besonders viel mit achtsamer und liebevoller Begleitung zu tun – zumal ja die grundsätzliche physische Fähigkeit, selbstständig die Toilette zu benutzen bei älteren Kindern meistens schon vorhanden ist. Vor fünfzig Jahren hätte man das Kind wohl auf dem Töpfchen festgebunden, bis es sich erleichtert hat. Eine Strategie, die heutzutage unter Kindesmisshandlung fällt. Das etwas modernere, aber fast ebenso wenig empfehlenswerteste Äquivalent wäre, die Windel abzunehmen und dann ohne elaborierte Fesseltechniken abzuwarten, bis Kind und Darm nachgeben.

Zum Kacka machen die Windel anlegen?

Ganz häufig sehen Sie von außen Ihrem Kind genau an, dass es das große Geschäft machen muss. Wenn Sie ihm aber das Töpfchen oder die Toilette anbieten, weigert es sich, sich daraufzusetzen. Damit sich Ihr Kleines erleichtert, müssen Sie ihm die Windel wieder anziehen. Manchmal wird dieses Verhalten als böswillig fehlinterpretiert: Das Kind hält vermeintlich den Stuhl aus bösem Willen so lange zurück, bis er in der Windel landet, um die Eltern zu ärgern oder weil es angeblich zu »faul« ist und deshalb aus reiner Bequemlichkeit bei der Windel

Probleme des Zurückhaltens

Wenn das Geschäft nicht in die Windel gegangen ist, landet es dann zwar wahrscheinlich auch nicht im Topf, aber das stört bei abwischbaren Böden nicht großartig. Trotzdem handelt es sich um eine mehr als fragwürdige Strategie, denn in aller Regel geben zunächst weder Kind noch Darm nach. Wie können Sie auch; Ihr Kind hat sich schließlich nicht bewusst gegen das Töpfchen entschieden, sondern ist auf die Windel konditioniert und kann einfach nicht ohne. Was ernten Sie also, wenn Sie die Windel einfach verschwinden lassen, obwohl Ihr Kind für Stuhlgang um eine Windel bittet? Voilà, eine zu lange Verweildauer des Stuhls im Darm und damit eine mehr oder weniger massive Verstopfung.

Das Problem des Zurückhaltens wird vor allem bei Stuhlgang sichtbar. Aber auch Urin kann aufgrund einer Konditionierung ungesund lange zurückgehalten werden. Ab einer gewissen Urinmenge allerdings, wird der sogenannte Miktionsreflex ausgelöst und die Blase entleert sich. Allerdings ist es bei Kindern durch Konditionierung und bei Erwachsenen durch bewusste Willensanstrengung möglich, diesen Reflex zumindest teilweise auszuhebeln. Daraus können sich verschiedene physiologische Probleme ergeben. Auch bei Erwachsenen resultiert aus ständigem Verkneifen irgendwann eine Inkontinenz. Der Drang zu Urinieren wird nicht mehr wahrgenommen und der Reflex irgendwann vom Körper ohne Vorwarnung einfach ausgelöst. Deshalb ist es umso wichtiger, beim Abschied von der Windel sehr einfühlsam und liebevoll vorzugehen.

Das Konditionierungsphänomen wird übrigens immer häufiger und stärker, je länger ein Kind schon Windeln trägt.

Was tun bei Windel-Konditionierung?

Ein Schritt-für-Schritt-Konzept hat sich gut bewährt, um die Windel immer ein bisschen mehr loszulassen und die Konditionierung schließlich ganz aufzuheben. Wenn Sie bemerken, dass sich das große Geschäft ankündigt, dann dirigieren Sie Ihr Kind, falls möglich, an einen für Sie akzeptablen Ort, um sein Geschäft zu verrichten. Ist es anfangs nicht bereit, sich mit der Windel aufs Töpfchen und auf die Toilette zu setzen, bieten Sie etwas zum hineinstellen an: eine breitere Schüssel, eine Wanne oder Duschtasse oder auch nur einen gefliesten Bereich. Wenn Sie an einem Ort angekommen sind, wo das Verrichten des Geschäftes für Sie in Ordnung ist, freuen Sie sich, wenn auch Ihr Kind diesen Ort akzeptiert.

Schritt für Schritt. Ein weiterer vorsichtiger Schritt in den nächsten Tagen wäre, den Verschluss der Windel minimal zu lockern, bevor Ihr Kind sich erleichtert – besonders gut geht das bei stufenlos einstellbaren Klett- oder Klebeverschlüssen. In ganz kleinen Schritten, das kann sich über einige Tage, aber auch über einen Monat hinziehen, lockern sie peu à peu die Windel immer weiter, bis sie irgendwann nur noch unter dem Kind liegt – beispielsweise im Töpfchen. In einem letzten Schritt, verschwindet auch die Windel irgendwann ganz aus dem Töpfchen. Am Anfang kann man noch etwas Toilettenpapier zur Schalldämpfung ins Töpfchen oder unter das Kind legen, um den Übergang sanfter zu gestalten. Je nachdem, wie schwer es Ihrem Kind fällt, endgültig Abschied zu nehmen, können Sie auch

Schritte überspringen, oder schneller oder langsamer vorgehen – behalten Sie einfach immer Ihr Kind und seine Bedürfnisse im Auge.

Kindergarten: und plötzlich ist alles anders?

Wenn Ihr Kind in den Kindergarten kommt, entsteht für viele Eltern das erste Mal ein gewisser Druck, die Windel loszuwerden. Früher konnte man Kindern sogar den Eintritt in den Kindergarten verweigern, wenn sie noch nicht sauber und trocken waren. Heute ist das zum Glück nicht mehr der Fall, aber trotzdem ist eine Gruppe für über Dreijährige selten mit adäquaten Wickelmöglichkeiten ausgestattet, und es gibt auch keine routinemäßigen Mindestwickelintervalle wie meistens im Krippenbereich. Viele Kindergärten haben auch Natur- und Waldtage, wo Wickelkinder trotz Bemühungen oft nicht adäquat versorgt werden können oder nicht mit dürfen. Obwohl der Kindergarten Ihr Kind also nicht ablehnt, weht Ihnen ein etwas anderer Wind um die Nase.

Sie möchten natürlich zu Recht auf keinen Fall, dass Ihr Kind in der Einrich-

tung stundenlang in der gleichen Windel herumläuft. Leider treffe ich sehr häufig Mütter, die darüber klagen, dass Ihr Kind gar nicht oder zu selten gewickelt wird oder nicht richtig saubergemacht wird. Wie pragmatisch das Thema Windeln in der Kindergartengruppe gesehen wird, hängt sehr stark von der Linie und Struktur der Einrichtung ab, genauso wie von den einzelnen Erzieherinnen. Da hilft nur Reden und mit den Erziehern zu besprechen, wie man gemeinsam die Sauberkeitsentwicklung des Kindes unterstützen kann und einerseits dem Kind angemessen mit seinen Ausscheidungen umzugehen, andererseits die Routinen und Abläufe in der Kita zu berücksichtigen.

Mehr Bewegungsfreiheit

Auch Ihr Kind wird im Kindergarten merken, dass ein Leben ohne Windel auf Dauer besser sein könnte, denn das freie Spiel, wilde Klettertouren auf dem Spielplatz und immer komplexere Rollenspiele erfordern ganz viel Bewegungsfreiheit. Das sieht es bei seinen Freunden. Wie soll ein tapferer Pirat schließlich im Windel-Watschel-Gang den höchsten Ausguck erklimmen?

Durch die Vorbildfunktion der älteren Kinder zeigen Kinder in altersgemischten Gruppen meistens schnell Interesse am Toilettengang: Sie sehen zu, wie die anderen es machen und möchten auch! Das Terrain ebnen können Sie mit der richtigen Ausrüstung: Trainer-Hosen. Die gibt es wieder mal in der Wegwerf- oder in der Stoffversion, ganz wie Sie mögen. Mit diesen Höschen zum selbst An- und Ausziehen, am besten kombiniert mit einer einfach zu bedienenden Hose mit elastischem Bund, kann Ihr Kind ganz allein auf die Toilette gehen.

Darüber kann man reden!

Bei älteren Kindern ist besonders toll, dass man mit ihnen schon richtig sprechen kann. Das verführt natürlich dazu, einfach zu sagen, wie man es gern hätte: »Kind, geh doch mal aufs Klo« Und umgekehrt zu fragen »Warum sagst du denn nicht Bescheid?«

Bedenken Sie: Nur, weil Ihr Kind vielleicht inzwischen in der Lage ist, Haupt- und Nebensätze grammatikalisch erfolgreich miteinander zu verknüpfen, ist es noch lange nicht in der Lage, erfolgreich über sein eigenes Innenleben

zu reflektieren. Eine Fähigkeit, die sogar vielen Erwachsenen noch fehlt. Wenn ich wütend, traurig oder nur müde bin, nimmt meine Reflexions-und Kommunikationsfähigkeit rapide ab. Statt oratorischem Feuerwerk erntet man dann höchstens noch Schulterzucken oder gemurrtes Grunzen. Und ich kann schon ziemlich lange sprechen. Gerade Kinder, die besonders früh sprechen können, leiden häufig sehr darunter, dass sie überschätzt werden. Wenn ein zweijähriges Kind mit den Worten »Ich möchte den Teller selbst tragen. Ich verspreche dir, vorsichtig zu sein und lasse ihn bestimmt nicht fallen« danach verlangt, den Tellerstapel allein zu tragen, ist man ja viel geneigter, ihn rauszurücken, als wenn ein Zweijähriges fragt: »Peller, da, da, haben«. Da würde man einfach nur lächelnd mit dem Kopf schütteln. Dabei haben die beiden Kinder wahrscheinlich motorisch eine ganz ähnliche Fähigkeit, diese Teller zu transportieren.

Was heißt das nun für die Sauberkeitserziehung? Das heißt: Nutzen Sie sprachliche und bildhafte Kommunikation, aber kindgerecht. Bücher sind da eine wunderbare Idee! Suchen Sie am besten nach Kinderbüchern, die das Thema mit Witz und Freude angehen.

Tolle Kinderbücher ab 2 Jahren

Vom kleinen Maulwurf, der wissen wollte, wer ihm auf den Kopf gemacht hat (Werner Holzwarth & Wolf Erlbruch)
Im Schlepptau des Maulwurfs treffen die kleinen Leser viele Tiere und schauen sich ihre jeweiligen Hinterlassenschaften mal ganz genau an. Auch für Erwachsene interessant – oder wissen Sie schon, wie ein Schwein macht?

Der Kackofant (Klaus Cäsar Zehrer)
In fröhlichen jambischen Verslein hinterlässt der Kackofant seine riesigen Haufen: Anstelle eines Rüssels sitzt ihm eine halb abgerollte Klorolle im Gesicht. Zum Immer-wieder-Lesen, aber Vorsicht, die Reime haben Ohrwurm-Potenzial.

Tolle Kinderbücher ab 3 Jahren

So ein Kack! Das Kinderbuch von eben dem (Pernilla Stalfelt)
Rotzfrech illustriert und getextet: Das unscheinbare Bändchen aus Schweden, im Stil eines Kindersachbuchs, spielt mutig mit dem Tabuthema Exkremente. Gerade für ältere Kinder, die schon beginnen, mit Fäkalsprache zu experimentieren, ein tolles Sprach-Labor unter Schutzatmosphäre.

Fäkalsprache in der Kindergartenzeit

Die Kindergartenzeit ist auch die Zeit, in der zumindest phasenweise ausgiebig die Fäkalsprache gepflegt wird: Wir spielen im Kackzimmer mit den Schei-ßi-Autos und machen Pipikram. Hi, hi, hi! Bisschen nervig ist das schon und Tante Inge rümpft die Nase. Aber: Seien Sie superstolz auf Ihr Kind – denn lustig ist das nur, weil ein erstes Gefühl für Sprachebenen und Sprachtabus entsteht. Ihr Kind erkennt nun, dass es Wörter gibt, die nur in bestimmten Situationen, von bestimmten Menschen, gegenüber bestimmten anderen Menschen benutzt werden. Es weiß, dass Wörter Wirkungen haben, die über eine reine Bedeutungsebene weit hinausgehen. Großartig! Respektieren Sie hier vor allem Ihre eigenen Grenzen und bleiben Sie in Ihren Reaktionen möglichst ruhig, aber authentisch. Dann ist die Phase in ein paar Monaten wieder vorbei.

Mit 5 immer noch nicht trocken?

Ihr Kind hat fünf Kerzen auf dem Geburtstagskuchen ausgepustet, fährt ohne Stützräder Fahrrad und fiebert der Einschulung entgegen, aber die Windel, die Windel ist immer noch da. Was tun? Wenn ein Alter erreicht ist, bei dem Sie sich selbst nicht mehr ganz wohl dabei fühlen, dass Ihr Kind noch eine Windel trägt, ist es Zeit, einen Facharzt aufzusuchen und abzuklären, ob eine gesundheitliche Beeinträchtigung vorliegt. Regelmäßige Vorsorgeuntersuchungen beim Kinderarzt sind zwar in Deutschland nicht verpflichtend, aber in der Regel äußerst sinnvoll, damit Probleme, die den Eltern selbst vielleicht nicht immer auffallen, früh erkannt und behoben werden können. Der Kinderarzt ist der richtige Ansprechpartner für gesundheitliche Zweifel und Probleme aller Art. Häufig wird es gar kein Problem geben, aber Sie sind dann viel ruhiger und können entspannt weiter denken.

Trauen Sie sich, die Windel abzunehmen

Falls es keinen Befund gibt, wird Ihnen der Arzt wahrscheinlich raten, einfach so weiterzumachen wie bisher oder eventuell mal ein Klingelhöschen zu probieren. Klingelhöschen sind Unterhöschen, die innen mit einem Sensor ausgestattet sind, der beim ersten Tropfen Feuchtigkeit ein Signal weitergibt, sodass ein Klingelton das Kind weckt. Sicher kann man so ein Gerät ausprobieren, allerdings hat es sich meiner Erfahrung nach als wirkungsvoller erwiesen, das Kind im selben Raum wie Sie schlafen zu lassen, da sich sein Schlafrhythmus so in vielen Fällen automatisch dem Schlafrhythmus der Erwachsenen anpasst und extreme Tiefschlafphasen viel seltener werden. Dasselbe Prinzip gilt ja auch zur Prävention des Plötzlichen Säuglingstodes. Wenn es Ihrem Kind also körperlich und seelisch gut geht, trauen Sie sich einfach, die Windel abzunehmen.

....

Maria (57) Grundschullehrerin, kinderlos

Immer mehr Kinder tragen Windelhöschen

»Seit ungefähr zehn Jahren habe ich immer häufiger Kinder in der ersten Klasse, die mit Windelhöschen zur Schule kommen. Die Eltern geben das im Vorgespräch meist gar nicht an. Am Anfang war ich noch bass erstaunt, habe mich mittlerweile aber beinahe schon daran gewöhnt. Wenn ich Eltern darauf angesprochen habe und mich erkundigt habe, ob es dem Kind gesundheitlich gut geht und ob es vor einer besonderen Herausforderung steht, bekomme ich meistens nur die Antwort, dass die Windel ja »nur zur Sicherheit« wäre. Bald werde ich ja schon pensioniert, aber wenn der Trend sich so fortsetzt, müssen wir in weiteren zehn Jahren in den ersten Klassen Windeln und Feuchttücher bereithalten.« ◄

....

Tschüss Windel – hallo Windel!

Irgendwann haben Sie Ihre Kinder aus den Windeln raus. Halleluja! Bei der Einschulung, spätestens aber bei der Schulentlassung ist die Wickelzeit nur noch eine ferne, hoffentlich schöne Erinnerung. Und außer dem ein oder anderen Wickeldienst am Enkelpopo, hat sich das Thema für Sie erledigt. Endgültig. Oder doch nicht?

Ganz genau kann ich Ihnen das natürlich auch nicht sagen, aber einer Prognose des statistischen Bundesamtes zufolge, stellen Sie sich ruhig schon einmal seelisch darauf ein, dass Sie noch mal mit Windeln in Kontakt kommen – und zwar an Ihrem eigenen Po.

Heute schon ist jeder 10. Deutsche über 75 pflegebedürftig. Tendenz: steigend! 2050 wird es jeder 5. sein und mit jedem Lebensjahr steigen die Raten um ein Vielfaches. Die Wahrscheinlichkeit

selbst einmal pflegebedürftig zu werden steht heute für Sie und mich bei 50:50. Wie wird man dann für mich sorgen? Wird man mir jedes Mal helfen, auf die Toilette zu gehen, wenn ich mal muss, oder wird mir eine Windel angezogen, weil die Arbeit einfach sonst nicht zu schaffen wäre? Und wenn ich mich nicht mehr mitteilen kann und vielleicht auch bettlägerig bin und es auch mit Hilfe nicht mehr zur Toilette schaffe, wird man dann regelmäßig meine Windel wechseln oder wird man mir eine mit Superabsorber gefüllte Spezialwindel anziehen, die nur 2-mal am Tag gewechselt werden muss?

Literatur – Links – etc.

**Das »Artgerecht-Projekt«
Happy Familys, Happy Planet**
www.artgerecht-projekt.de

**Windelfrei-Blog »Babys ohne
Windeln«**
www.babysohnewindeln.de

**Stoffwindel-Blog »Schick
gewickelt«**
www.schickgewickelt.de

**Stoffwindelberaterinnen und
Ausbildung**
www.stoffwindelexperten.de

La Leche Liga Deutschland
www.lalecheliga.de

**Deutsches Ausbildungsinstitut
für Stillbegleitung**
www.ausbildung-still
begleitung.de

**Berufsverband Deutscher
Laktationsberaterinnen**
www.bdl-stillen.de

**Tragenetzwerk e.V. –
Verein für professionelle
Trageberatung**
www.tragenetzwerk.de

**Stillen und Tragen –
das Forum**
www.stillen-und-tragen.de

Tragetücher:
www.didymos.de

Windelshops:
www.stoffywelt.de

www.windelmanufaktur.de

www.stoffwindelcompany.at

www.natuerlich-familie.de

www.hug-and-grow.de

www.1bis3.de

www.blumenkinder.eu

Liebe Leserin, lieber Leser,

hat Ihnen dieses Buch weitergeholfen? Für
Anregungen, Kritik, aber auch für Lob sind
wir offen. So können wir in Zukunft noch besser auf Ihre Wünsche eingehen. Schreiben
Sie uns, denn Ihre Meinung zählt!

Ihr TRIAS Verlag

E-Mail-Leserservice
kundenservice@trias-verlag.de

Lektorat TRIAS Verlag
Postfach 30 05 04
70445 Stuttgart
Fax: 0711 89 31-748

Stichwortverzeichnis

**Bibliografische Information
der Deutschen Nationalbibliothek**
Die Deutsche Nationalbibliothek verzeichnet
diese Publikation in der Deutschen Nationalbib-
liografie; detaillierte bibliografische Daten sind
im Internet über http://dnb.d-nb.de abrufbar.

Programmplanung: Simone Claß
Redaktion: Anja Fleischhauer, Stuttgart

Umschlaggestaltung und Layout:
CYCLUS Visuelle Kommunikation, Stuttgart

Bildnachweis:
Umschlaggestaltung: Dominique Loenicker,
Stuttgart
Umschlagillustration: Anja Jahn, Stuttgart
Zeichnungen: Anja Jahn, Stuttgart
Fotos im Innenteil: S.63/64/65: Windelmanufak-
tur Dresden, www.windelmanufaktur.de; S.70:
gDiapers/gNappies, www.gdiapers.com

1. Auflage

© 2015 TRIAS Verlag in MVS
Medizinverlage Stuttgart GmbH & Co. KG
Oswald-Hesse-Straße 50, 70469 Stuttgart

Printed in Germany

Satz und Repro: Fotosatz Buck, Kumhausen
Gesetzt in: Adobe InDesign CS6
Druck: AZ Druck und Datentechnik GmbH,
Kempten

Gedruckt auf chlorfrei gebleichtem Papier

ISBN 978-3-8304-8253-6

Auch erhältlich als E-Book:
eISBN (PDF)   978-3-8304-8254-3
eISBN (ePub) 978-3-8304-8255-0

1 2 3 4 5 6

Wichtiger Hinweis: Wie jede Wissenschaft ist die
Medizin ständigen Entwicklungen unterworfen.
Forschung und klinische Erfahrung erweitern unsere Erkenntnisse. Ganz besonders gilt das für
die Behandlung und die medikamentöse Thera-
pie. Bei allen in diesem Werk erwähnten Dosie-
rungen oder Applikationen, bei Rezepten und
Übungsanleitungen, bei Empfehlungen und Tipps
dürfen Sie darauf vertrauen: Autoren, Herausge-
ber und Verlag haben große Sorgfalt darauf ver-
wandt, dass diese Angaben dem Wissensstand
bei Fertigstellung des Werkes entsprechen. Re-
zepte werden gekocht und ausprobiert. Übungen
und Übungsreihen haben sich in der Praxis erfolgreich bewährt.

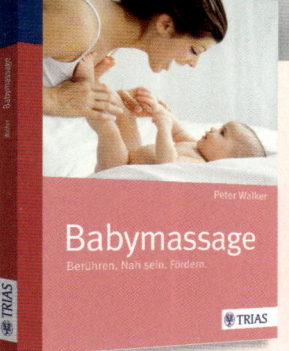